Die Klassiker
der Gemüseküche

Tomaten

monte von DUMONT

Die Deutsche Bibliothek – CIP-Einheitsaufnahme

Tomaten: die Klassiker der Gemüseküche / Anna Thal, Dagmar Fronius-Gaier. [Fotogr.: Brigitte Sporrer; Alena Hrbkova]. – Köln: DuMont, 2000
(Monte von Dumont)
ISBN 3-7701-8585-4

Konzept und Realisation: Meidenbauer • Martin Verlagsbüro, München
Text und Rezepte: Anna Thal, Dagmar Fronius-Gaier
Redaktion: Matthias Edbauer, Susanne Maß, Simone Steger
Layout und Satz: Hubert Grafik Design, München
Fotografien: Brigitte Sporrer, Alena Hrbkova
Foodstyling: Hans Gerlach
Umschlaggestaltung: BOROS, Wuppertal
© Umschlagabbildung vorne: Christel Rosenfeld
Druck: Druckerei Appl, Wemding
Buchbinderische Verarbeitung: Sigloch, Künzelsau

ISBN 3-7701-8585-4

Printed in Germany

Bemerkungen:
Eier: Sofern nicht anders erwähnt, beziehen sich die Angaben auf Eier mittlerer Größe. Eier sollten nie roh gegessen werden. Der sofortige Verzehr von Gerichten in denen rohe Eier verarbeitet wurden ist dringend anzuraten. Die gilt insbesondere für Babys, Kleinkinder, schwangere Frauen und alte Menschen.

Milch: Sofern nicht anders erwähnt, beziehen sich die Angaben auf Vollmilch (3,5 % Fettgehalt).

Geflügel: Geflügel sollte immer im durchgebratenem Zustand verzehrt werden. Halbgares Geflügel ist am besten durch das Anstechen mit einer Gabel zu erkennen. Wenn der hierbei austretende Saft rot oder rosa ist, sollte die Garzeit noch etwas verlängert werden. Ist der Saft klar, ist das Geflügel fertig.

Nüsse: Vereinzelt enthalten Gerichte dieses Buches Nüsse oder Nussöl. Allergische oder zu Allergien neigende Personen sollten auf den Verzehr dieser Gerichte verzichten.

Kräuter: Verwenden Sie, wenn nicht anders vermerkt, frische Kräuter. Sollten diese nicht erhältlich sein, können sie durch die halbe Menge getrockneter Kräuter ersetzt werden.

Alkohol: Einzelne Gerichte dieses Buches enthalten Alkohol. Kinder und alkoholkranke Personen sollten auf den Verzehr dieser Gerichte verzichten.

Die in den Rezepten angegebenen Temperaturen und Zeiten beziehen sich auf Backöfen. Verwenden Sie einen Umluftofen, gleichen Sie die Angaben bitte entsprechend den Anweisungen des Herstellers an.

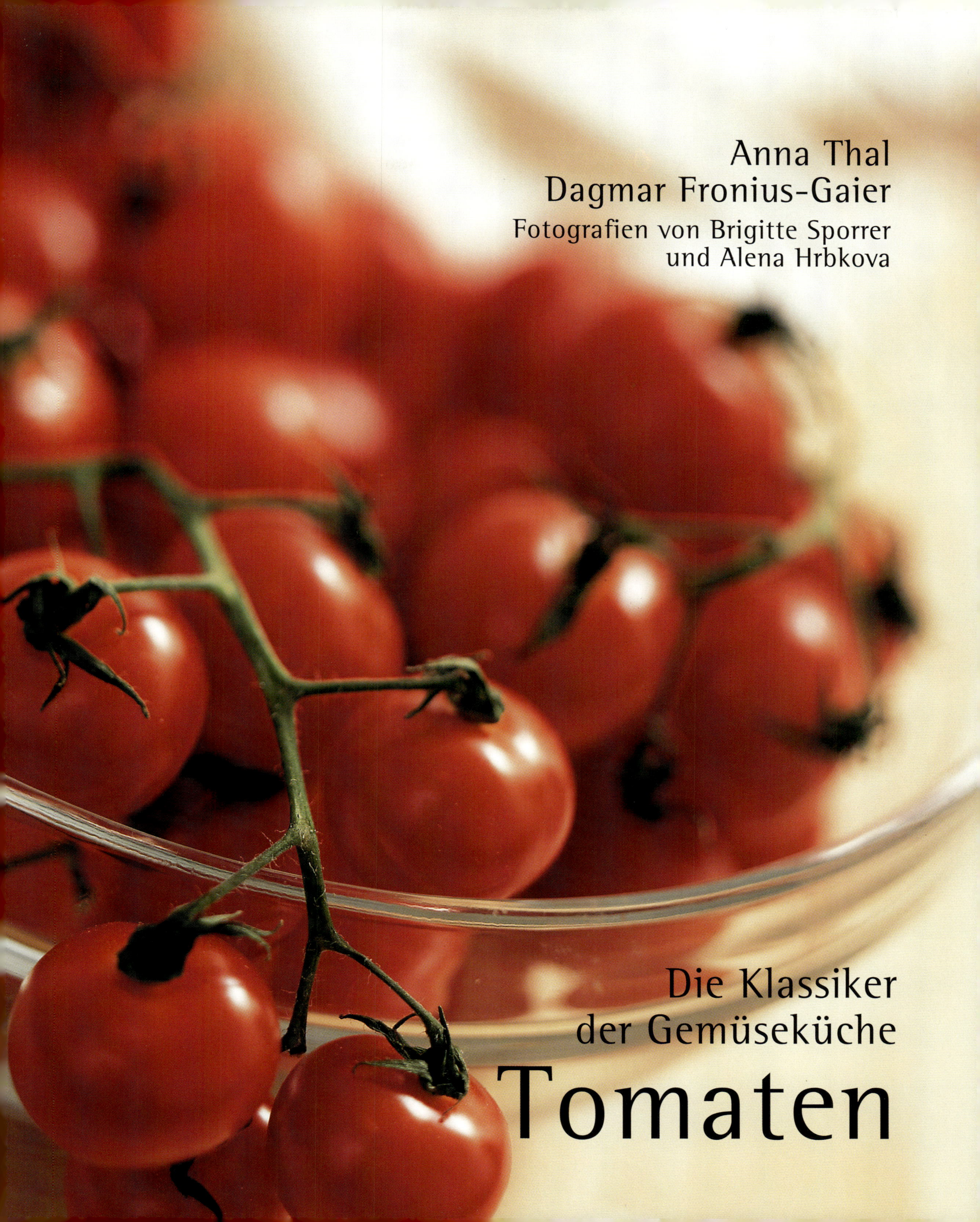

Anna Thal
Dagmar Fronius-Gaier
Fotografien von Brigitte Sporrer
und Alena Hrbkova

Die Klassiker
der Gemüseküche

Tomaten

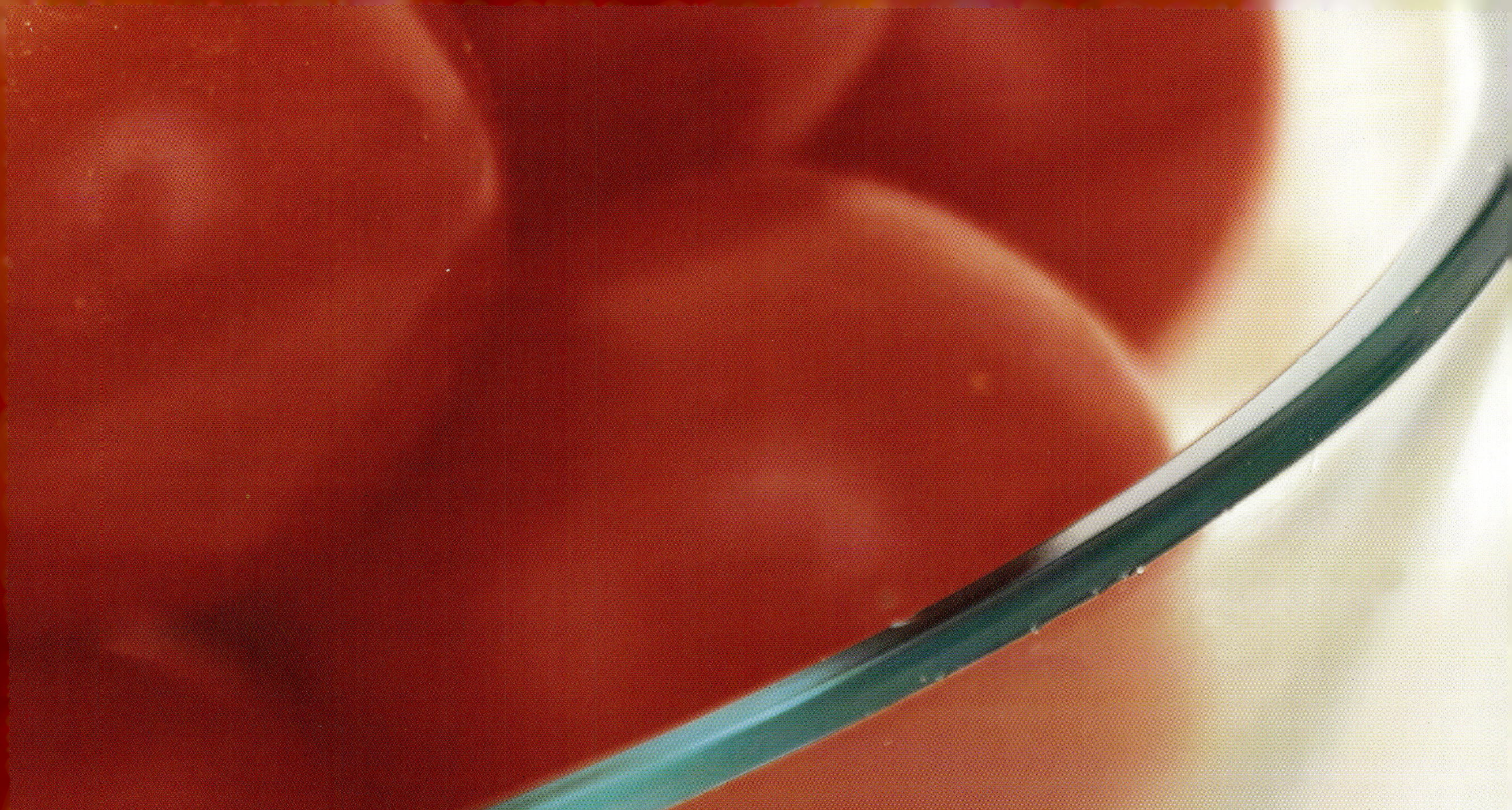

Inhalt

Einleitung

Die Tomate – eine runde rote saftige Frucht, die nicht nur kalt ihren köstlichen, einzigartigen Geschmack zur Entfaltung bringt. Auch warm schmeckt sie herrlich, und das als Begleitung zu fast allen Gerichten. Die Tomate ist wahrlich eine Multifrucht. Sie eignet sich für Salate, Suppen, Vorspeisen, für kleine Häppchen zwischendurch, als Gemüsebeilage oder auch als Hauptbestandteil eines herzhaften Auflaufs. Fast jede Nation, jede Region hat die lieblich säuerlich schmeckende Frucht fest in ihren Speiseplan integriert. So verwundert es nicht, dass die Tomate selbst in den exotischsten Gerichten ihren Platz hat. Rezepte mit Tomaten aus aller Welt haben ihren Weg mittlerweile bis zu uns nach Mitteleuropa gefunden. Begonnen hat einst alles auf dem amerikanischen Kontinent, in Peru und Ecuador.

Als die Tomate noch Tomatl hieß ...

Die Geschichte der Tomate beginnt mit den Inkas und Azteken. Sie waren die Ersten, die die rote Frucht kultivierten. Im 16. Jahrhundert stießen spanische Entdecker auf die in Südamerika beheimatete »Tomatl« (altmexikanisch, bedeutet Schwellfrucht) und brachten deren Samen auf dem Seeweg nach Europa. Doch sollten noch einige Jahrhunderte vergehen, bis die Tomate Einzug in die europäischen Küchen hielt. Noch im 19. Jahrhundert galt das Mitbringsel aus Übersee als giftig und wurde lediglich als Zierpflanze angebaut. In den USA sah es nicht anders aus. Hier erwachte die Tomate ebenfalls erst im 19. Jahrhundert aus ihrem Dornröschenschlaf. Kreolische Einwanderer im Süden Amerikas schätzten ihren Geschmack als Gemüsebeilage besonders in Verbindung mit Meeresfrüchten.

Seit dieser Zeit stieg ihr Beliebtheitsgrad stetig an. Bereits gegen Ende des vorletzten Jahrhunderts wurde die Tomate in so manchen amerikanischen Gärten im Süden angebaut.

In Europa konnte man sich jedoch noch nicht so schnell mit der Liebes-, Paradies- oder auch Goldapfel getauften Frucht anfreunden. Als der Tomate schließlich besondere Liebeskräfte zugesprochen wurden, griff die Kirche ein und verbot sie zeitweilig. Ihren Siegeszug durch die europäischen Küchen konnte dies jedoch nicht stoppen. Ihrer vielfältigen Verwendung als Gemüse, Püree oder Sauce hatte sie es schnell zu verdanken, auch über die Grenzen Europas hinaus populär zu werden.

Die Tomate wird international

Fast überall fühlt sich die Tomate zu Hause. In Italien schätzt man die Tomatensauce für Nudelgerichte (»Spagetti Napoli«), das Tomatenbrot (»Bruschetta«) sowie den Tomatensalat mit Zwiebeln (»Insalata Pomodore«), in Spanien die kalte Tomatensuppe (»Gazpacho«), in Griechenland den Griechischen Bauernsalat, in Indien Gemüse mit Kichererbsen und Tomaten, in der TexMexKüche die scharfen roten Saucen mit Tomaten und Chilischoten.

Doch nicht nur als Gemüse, Suppe oder Sauce zeigt die Tomate ihre Vielseitigkeit. In Form von Ketschup hat sie Liebhaber auf der ganzen Welt gefunden. Die einstige Erfindung von Henry J. Heinz ist inzwischen zu einem weit verbreiteten Lebensmittel geworden: Amerikaner lieben ihre Hamburger und Pommes frites mit Ketschup, Asiaten mögen ihn mit Meeresfrüchten, besonders mit frittierten Schrimps, in Thailand schmeckt der Ketschup zu Kartoffelchips, Schweden geben ihn auf ihre Nudeln, Briten auf Fish and Chips und Spanier begeistern sich für Eieromelettes – mit Ketschup versteht sich.

Die Pflanze

Wie die Kartoffel ist auch die Tomate ein Nachtschattengewächs. Um zu blühen, benötigt sie kein Tageslicht. An den Stielen und den Blättern hat die Tomatenpflanze drüsige Härchen. Werden sie gebrochen, entfaltet sich das bekannte kräftige Tomatenaroma. Für ihren typischen Geschmack ist eine Kombination von Zucker und Fruchtsäure verantwortlich. Da die Tomate ein gemäßigtes Klima liebt, wird sie in Deutschland und in nördlichen Regionen vielfach unter Glas angebaut, in Spanien, Italien, Griechenland, der Türkei oder Ägypten auch im Freiland.

Die Farbe der Tomaten

Während die Tomate reift, baut sich der in den grünen Tomaten vorhandene giftige Inhaltsstoff Solanin ab und es bilden sich die Stoffe Lycopin und Carotin. Sie sind dafür verantwortlich, dass sich die Tomate rot färbt. Die Farbigkeit der Tomate hängt in erster Linie vom Reifegrad der Frucht sowie von der Licht- und Wärmezufuhr ab. Neben den bekannten roten gibt es auch gelbe (Strauchtomaten), violett/schwarze und grüne Tomatensorten. Diese grünen Tomaten sind nicht unreif, sondern eine eigene Tomatenart (Tomatillo), die in Mexiko und Zentralamerika beheimatet ist.

Die Tomatensorten

Tomaten gibt es in den verschiedensten Sorten mit unterschiedlichem Geschmack und in diversen Größen. Letztere ist davon abhängig, wie viele Fruchtkammern die Tomate hat. Zwei bis zehn Fruchtkammern sind die Regel, die Fleischtomate hat beispielsweise fünf oder mehr Kammern, Eiertomaten dagegen nur zwei bis drei. Hier ein kleiner Überblick über die beliebtesten Tomatensorten:

Buschtomaten/Strauchtomaten
Buschtomaten werden mit Kelch und Stielen geerntet, was nur möglich ist, da alle Früchte gleichzeitig reifen.
Verwendung: Wegen ihres intensiven Geschmacks geeignet für Salate, als Rohkost oder Brotbelag.

Cherry-Strauchtomaten
Diese kleinen runden Tomaten werden in großen Tomaten-Trauben geerntet und haben einen sehr intensiven, süßlichen Geschmack.
Verwendung: wie Kirschtomaten.

»Dosentomaten«
In Konserven werden dank ihres fruchtigen Aromas und der wenigen Samen hauptsächlich Eiertomaten verarbeitet. Geschält, teilweise auch zerkleinert, und im eigenen Saft bieten sie bei der Zubereitung von Gerichten eine einfache und schmackhafte Alternative.
Verwendung: Dosentomaten eignen sich – besonders wenn es schnell gehen soll – für Tomatensaucen, Suppen oder Eintöpfe.

Eiertomaten
Diese Tomaten in der Form eines Eies sind vor allem wegen ihres starken Aromas beliebt.
Verwendung: Die Eiertomate eignet sich für alle Gerichte, die kräftig nach Tomate schmecken sollen wie z. B. Salate, Saucen oder Suppen.

Fleischtomaten
Diese Sorte ist, wie der Name bereits verrät, besonders fleischig. Auffallend bei dieser Tomate sind die vielen Rippen der Frucht, die wenigen Samen im Inneren sowie das Gewicht der Fleischtomate. Es gibt tatsächlich Exemplare, die bis zu 1 kg wiegen.
Verwendung: Die süß-säuerlich schmeckenden Fleischtomaten können ausgehöhlt und mit Gemüse, Fleisch oder Fisch gefüllt und überbacken werden. Da diese Tomatensorte schnittfest ist, eignet sie sich auch für Aufläufe oder als Brotbelag.

Kirschtomaten, Cherry- oder Cocktailtomaten
Die kleinen Runden schmecken besonders fein und machen als Verzierung von Speisen und kalten Platten eine gute Figur.
Verwendung: zum Garnieren, unzerteilt in Salaten oder auch in Nudelsaucen.

Rote runde Tomaten/Rundtomaten
Dies ist die in Europa bekannteste und lange Zeit am weitesten verbreitete Tomate, die in verschiedenen Größen zu finden ist. Im Fruchtinneren befinden sich zahlreiche gelbgrüne Samen, eingebettet in einer geleeartigen Fruchtflüssigkeit.
Verwendung: als Rohkost, für Saucen und Suppen; für Salate sollten die Samen entfernt werden, da die Rundtomate sonst zu viel Flüssigkeit in den Salat bringen würde.

Sardegna
Diese Tomatensorte stammt aus Sardinien, ist klein bis mittelgroß, sehr fest und besonders aromatisch.
Verwendung: als Salat oder auch für die klassische italienische Vorspeise »Tomaten mit Mozzarella und Basilikum«. Hier kommt der Sardegna-Tomate ihre Schnittfestigkeit und ihr Geschmack zugute.

Tamarillo
Die Baumtomate, eine kultivierte Wildform aus dem Hochland von Peru, Ecuador und Kolumbien, ist mittlerweile in vielen Supermärkten zu erhalten (Saison: Herbst/Winter). Die tiefdunkelrote Schale macht die eierförmige Frucht sehr attraktiv. Aufgeschnitten präsentiert die Tamarillo-Tomate ihr leuchtend oranges Fruchtfleisch und fast schwarze Samen. Auch ihr Geschmack ist außergewöhnlich: Er kann mit bitter/süß-sauer umschrieben werden.
Verwendung: Gibt Salaten, Saucen, Nachspeisen und auch Marmeladen eine besondere Note.

Grüne Tomaten

Was hat es mit dieser grünen Sorte auf sich? Sie ist eine mexikanische Wildform der Tomate, die mit der Reifung nicht rot wird. Allerdings ist sie in unseren Breitengraden kaum erhältlich. Also muss die europäische Küche notgedrungen auf die unreife grüne normale Tomate zurückgreifen. Bei der Verarbeitung von grünen Tomaten sollten Sie aber nicht vergessen, dass sie einen hohen Solaningehalt aufweisen. Solanin sollten Sie wegen seiner Unverträglichkeit nur in

kleinen Mengen zu sich nehmen. Der Verzehr von roten, reifen Tomaten ist absolut unbedenklich, denn durch den Entwicklungs- und Reifungsprozess der Früchte wird der Solaningehalt abgebaut. Selbst bei gelb-grünen Tomaten ist es kaum nachzuweisen. Einige Zahlen belegen dies: In 100 g harten grünen Tomaten wurden 9 bis 32 mg Solanin gemessen, in weichen grünen 7 bis 13 mg und in halb reifen, orangefarbenen 0,1 bis 1,8 mg. Ein Solaningehalt, der sich unter 20 mg pro 100 g frischer Tomaten bewegt, ist für den Menschen gesundheitlich unbedenklich. Wer grüne Tomaten also in Maßen genießt, kann ohne Sorge das eine oder andere Grüne-Tomaten-Rezept ausprobieren.

Im Handel erhältliche Marmelade aus grünen Tomaten sowie milchsauer eingelegt Tomaten können ebenfalls ohne gesundheitliche Bedenken verzehrt werden. Werden grüne Tomaten zu Konfitüren verarbeitet, kommt es durch die Zugabe von Zucker zu einer Reduzierung des Solaningehalts um bis zu 35 %. Ähnlich verhält es sich bei den milchsauer eingelegten Tomaten.

Tomateneinkauf und Lagerung

Damit Sie möglichst in den ganzen Genuss der köstlichen Tomaten kommen, sollten sie rote, feste Früchte ohne Druckstellen einkaufen. Nur sie entfalten wirklich ihr ganzes Aroma. Auch wenn es sich anbietet, noch leicht grüne Tomaten auf Vorrat zu kaufen, werden diese – trotz Nachreifen – nicht mehr den vollen Geschmack erreichen.

Damit die Tomate so lange wie möglich hält, sollten Sie zudem einige einfache Tipps bei der Lagerung berücksichtigen:

- Nehmen Sie die Früchte direkt nach dem Einkauf aus der Tüte bzw. der Verpackung.
- Legen Sie sie an einen luftigen Platz, der kühl und trocken ist.
- Die ideale Aufbewahrungstemperatur liegt bei ca. 10 bis 13 Grad.
- Tomaten gehören nicht in den Kühlschrank – ihr Geschmack leidet dort.

Achten Sie darauf, Salatgurken und Tomaten nicht zusammen aufzubewahren. Tomaten setzen das natürliche Gas Ethylen frei, das die Gurken weich und gelb werden lässt.

Bei der Zubereitung von Tomaten für Salate, Suppen und Co. empfiehlt es sich, den Stielansatz und grüne Stellen herauszuschneiden, da sie Solanin enthalten.

Wer Tomaten vor dem Kochen häutet, macht sie verdaulicher – die Schalen bleiben nämlich trotz Kochen fest. Besonders leicht lassen sich Tomaten schälen, indem man die Schale kreuzweise mit einem Messer einritzt. Danach die Früchte einfach mit kochend heißem Wasser überbrühen. An den Schnittstellen rollt sich dadurch die Schale auf und kann anschließend mühelos abgezogen werden.

Vitamine, Mineralstoffe und Nährwerte

In 100 g frischen Tomaten befinden sich durchschnittlich (nur verzehrbarer Anteil):

Vitamine

B1	0,06 mg
B2	0,04 mg
B6	0,10 mg
Biotin	4,0 µg
C	24,54 mg
E	0,81 mg
Folsäure	39,00 µg
K	9,00 µg

Mineralstoffe

Chlor	60 mg
Eisen	0,50 mg
Fluor	24,00 µg
Jod	1,70 µg
Kalium	242 mg
Kalzium	14 mg
Kupfer	60,00 µg
Magnesium	13 mg
Mangan	140,00 µg
Natrium	6,0 mg
Phosphor	26,00 mg
Zink	0,17 mg

Nährstoffe/Nährwerte

Eiweiß	0,95 g
Fett	0,21 g
Glucose	1,11 g
kcal	17,00
Kilojoule	73
Kohlehydrate	2,60 g

(Quelle: EHB, Staatliche Beratungsstelle für Ernährung und Hauswirtschaft)

Gesundheit aus der Küche

Betrachtet man die vielen Inhaltsstoffe der Tomate, fällt vor allem der hohe Kaliumgehalt auf. Weitere Mineralstoffe wie Kupfer, Zink, Phosphor, Kalzium, Eisen oder Magnesium machen die Frucht für die Ernährung des Menschen besonders wertvoll. Nicht außer Acht zu lassen ist zudem die gesundheitsfördernde Wirkung der kalorienarmen Tomate: Sie entwässert, senkt den Blutdruck und wirkt sich somit positiv auf Herz und Nieren aus. Linderung verspricht die Frucht auch bei Rheuma, Gicht, Arthritis und Durchblutungsstörungen.

Das bemerkenswerte an Tomaten ist ihr Farbstoff Lykopin. Dieser ist für die rote Färbung der Früchte verantwortlich. Das besondere an ihm ist jedoch, dass er hitzestabil ist. das heißt, egal ob als Ketchup, Sauce oder Suppe verarbeitet, behält die Tomate ihre gesundheitsfördernde Wirkung bei. Die macht sie zu einer wertvollen Bereicherung des täglichen Speiseplans.

Doch dem leckeren roten Gewächs wird noch mehr zugeschrieben. So soll es den Appetit anregen, Stress abbauen, die Psyche positiv beeinflussen und bei Einschlafproblemen helfen. Auch die Schönheit kommt nicht zu kurz: Wer unter großen Poren leidet, legt einfach frisch geschnittene Tomatenscheiben auf die entsprechenden Stellen, lässt alles einige Minuten wirken – und schon beginnen die Poren, sich zusammenzuziehen.

Tomaten aus eigenem Anbau

Wer gerne Tomaten aus eigenem Anbau genießen möchte, muss dafür nicht unbedingt über einen eigenen Garten verfügen. Ein Balkon oder eine Terrasse reichen einigen Tomatenpflanzen völlig aus. Dazu gehören Balkon-, Topf- oder Strauchtomaten sowie die kleinfruchtigen Spaliertomaten.

Tomatenpflanzen können in Töpfen ab der zweiten Märzhälfte bei Zimmertemperatur oder auch im Gewächshaus vorgezogen werden. Ins Freie dürfen die jungen Pflanzen jedoch wegen Frostgefahr nicht vor dem 20. Mai. Die Pflänzchen lieben dort einen sehr warmen und wettergeschützten Platz. Beim Einpflanzen sollte darauf geachtet werden, einen Mindestabstand von 50 cm zwischen den Pflanzen einzuhalten. Da die Tomatenpflanze im Laufe ihres Wachstums etwas zum Festhalten benötigt, dürfen Sie den Stützstab nicht vergessen. Er wird direkt zur Pflanze in den Boden gesteckt. Ist die Pflanze größer, sollte sie an den Stützstab angebunden werden.

Gießen und Düngen

Die Pflege der Tomatenpflanzen ist nicht aufwendig. In der Hauptsache darf nicht vergessen werden, sie reichlich und regelmäßig zu gießen – jedoch Staunässe vermeiden! Die Blätter der Tomate sollten beim Gießen nicht mit Wasser in Berührung kommen, um sie vor der so genannten Blattfleckenkrankheit zu schützen. Außerdem ist es ratsam, die bodennahen Blätter zu entfernen; das schützt vor Pilzbefall und Fäulnis. Im oberen Teil der Pflanze sind die Blätter jedoch unbedingt notwendig, um die heranreifenden Tomatenfrüchte zu beschatten.

Im Sommer empfiehlt sich hin und wieder eine Düngung mit flüssigem Volldünger. Wer sich zusätzlich einige Profitipps zu Herzen nimmt, wird sich bestimmt über eine reichhaltige Tomatenernte freuen können:

Brechen Sie stets alle Seitentriebe der Tomate aus (gilt nicht für Strauch- bzw. Balkontomaten). So kann die Pflanze ihre ganze Kraft in die Früchte stecken. Zum Ausbrechen die Hände benutzen, ein Messer könnte Bakterien übertragen. Als Dünger eignen sich auch die Blattabfälle der Tomatenpflanze selbst. Hierfür dürfen jedoch ausschließlich gesunde Blätter verwendet werden. Wird es im Herbst bei drohender Frostgefahr nötig, noch nicht voll ausgereifte Tomaten zu ernten, kann man sie eine Zeit lang frisch halten: Schlagen Sie die Früchte in einer Kiste mit trockenem Torfmull ein. Achten Sie darauf, dass sich die einzelnen Tomaten nicht berühren.

Snacks und Salate

Snacks und Salate werden nicht nur zur Vorspeise serviert, sie haben durchaus – wenn die Zutatenmengen etwas erhöht werden – auch als eigenständige Mahlzeit ihren Platz auf dem Tisch. Als Zwischengericht eignen sie sich zudem hervorragend. Und dank der vielen Möglichkeiten, Tomaten pikant (Mozzarella-Päckchen mit Speck und Tomaten, s. S. 23) oder lieblich (Honigtomaten aus dem Ofen, s. S. 24) zuzubereiten, ist für jeden Geschmack und jeden Anlass etwas dabei.

Bruschetta

Der leichte italienische Happen vorweg: Geröstete Weißbrotscheiben mit gewürzten Tomatenstücken regen – noch vor der Vorspeise – nicht nur den Appetit an, sondern schmecken auch gut als Begleitung zu einem Glas italienischen Landwein, zum Beispiel einem Montepulciano d'Abruzzo.

4 Strauchtomaten
½ Bund Basilikum
½ Bund Petersilie
1 Knoblauchzehe
Salz
Pfeffer
8 Scheiben Weißbrot
4 Esslöffel Olivenöl

❶ Tomaten vierteln und entkernen. Tomatenviertel in Würfel schneiden. Basilikum und Petersilie grob hacken, Knoblauchzehe pellen.

❷ Tomatenwürfel und Kräuter in einer Schüssel vermengen, Knoblauch hineinpressen und alles mit Salz und Pfeffer abschmecken.

❸ Weißbrotscheiben leicht toasten und mit Olivenöl beträufeln. Die Tomatenmischung auf die Brotscheiben verteilen. Sofort servieren.

Für 4 Personen, pro Portion ca. 294 kcal

Grüne Tomaten mit Gurken

Wer im Herbst ratlos in seinem Gemüsegarten steht und sich fragt, was er mit seinen grünen Tomaten, die nicht mehr rot werden wollen, machen soll, der sollte es einmal mit diesem Rezept versuchen.

6 große, weiche grüne Tomaten (die bereits orange Stellen zeigen)
1 Salatgurke
Butter und Öl zum Braten
1–2 Tassen Kondensmilch
1–2 Tassen feine Haferflocken
Salz
Pfeffer

❶ Backofen auf 80 °C vorheizen; ein Backblech mit Küchenkrepp auslegen.

❷ Tomaten und geschälte Salatgurke in ca. 1 cm dicke Scheiben schneiden.

❸ Butter und Öl zu gleichen Teilen in einer großen Pfanne erhitzen.

❹ Tomaten- und Gurkenscheiben erst in Kondensmilch tauchen und dann beidseitig mit Haferflocken panieren. Portionsweise von beiden Seiten vorsichtig braten, bis die Panade zu bräunen beginnt.

❺ Fertig gebratene Tomaten und Gurken zum Warmhalten auf das ausgelegte Backblech geben und in den Ofen stellen. Vor dem Servieren mit Salz und Pfeffer würzen.

Für 4 Personen, pro Portion ca. 225 kcal

Fladenbrot mit Tomaten-Jogurt

800 g reife süße Tomaten
2 rote Zwiebeln
1 Bund glatte Petersilie
500 ml Jogurt (Fettstufe)
Zucker
Salz
Cayennepfeffer
Paprikapulver, edelsüß
1 Esslöffel Zitronensaft
1 Fladenbrot

Ein Döner der vegetarischen Art: Es empfiehlt sich allerdings, ihn auf Tellern und mit Besteck zu servieren – so kann man die erfrischende Jogurt-Sauce am besten vollständig mit dem Brot genießen.

❶ Tomaten in feine Würfel, abgezogene Zwiebeln in hauchdünne Ringe schneiden. Petersilie grob zerschneiden.

❷ Jogurt in einer Schüssel mit dem Schneebesen kräftig glatt rühren. Tomatenwürfel, Zwiebelringe, Petersilie, Zucker und Gewürze untermischen. Mit Zitronensaft abschmecken.

❸ Fladenbrot achteln und aufschneiden. Brote auf vier Teller verteilen und mit dem Tomaten-Jogurt füllen.

Für 4 Personen, pro Portion ca. 131 kcal

Parmesan-Tomaten-Muffins

130 g Mehl
75 g Maismehl
2 Teelöffel Backpulver
½ Teelöffel Salz
150 g Parmesan, frisch gerieben
1 Ei, verschlagen
60 ml Öl
¼ l Milch
Öl für die Förmchen
8–10 Kirschtomaten
50 g Rauke

Ein Party-Renner, dekorativ auf jedem kalten Büffet – rasch und unkompliziert zubereitet. Der Parmesan kann auch durch frisch geriebenen Pecorino, einen italienischen Hartkäse aus Schafsmilch, ersetzt werden.

❶ Ofen auf 180 °C vorheizen. Mehl mit Maismehl, Backpulver, Salz und Parmesan in einer Schüssel vermischen. Ei, Öl und Milch unterrühren.

❷ Die Vertiefungen eines Muffin-Blechs mit Öl einfetten, Teig einfüllen. Im vorgeheizten Ofen ca. 20 Minuten backen. Muffins aus den Förmchen stürzen und auf einem Kuchengitter auskühlen lassen.

❸ Kirschtomaten in Scheiben schneiden. Muffins quer halbieren. Mit Tomatenscheiben und Rauke füllen und frisch servieren.

Für 4 Personen, pro Portion ca. 550 kcal

Tomaten-Brot-Pudding

Pudding muss es nicht nur zum Nachtisch mit Schokoladen-, Erdbeer- oder Vanillegeschmack geben: Er schmeckt auch als Zwischengericht, und das mit Brot und Tomaten – einfach herzhaft!

8 Scheiben süßes Weißbrot
2 Dosen Tomatenstücke (800 g)
3 Esslöffel brauner Zucker
2 Teelöffel süße Sojasauce
einige Tropfen Tabasco
Salz
1 Esslöffel Sahne
4 Esslöffel Butter

❶ Weißbrot entrinden, Brot und Rinde in grobe Würfel schneiden.

❷ Tomatenstücke mit Saft in einen Topf geben und zusammen mit braunem Zucker, Sojasauce, Tabasco und etwas Salz zum Kochen bringen. Ca. 5 Minuten unter Rühren köcheln lassen. Sahne unterrühren; abschmecken und gegebenenfalls nachwürzen.

❸ Backofen auf 220 °C vorheizen.

❹ Butter in einem Topf schmelzen lassen. Weißbrotstücke in eine Schüssel geben und mit der flüssigen Butter begießen. Umrühren, bis sich das Brot ganz mit der Butter vollgesogen hat. Die Masse auf vier Soufflé-Förmchen verteilen. Tomatenmischung darüber geben.

❺ Tomaten-Brot-Pudding auf mittlerer Schiene ca. 20 Minuten im Ofen backen. Aus dem Ofen nehmen und heiß in den Förmchen servieren.

Für 4 Personen, pro Portion ca. 364 kcal

Mozzarella-Päckchen mit Speck und Tomaten

Die Kombination Mozzarella mit Tomaten schmeckt einfach immer: Der milde, leicht säuerliche Geschmack des Kuhmilchkäses schmeichelt der Tomate, indem er ihre Süße besonders hervortreten lässt.

4 Packungen Mozzarella (à 200 g)

50 g getrocknete, eingelegte Tomaten

2 Schalotten

1 Teelöffel getrocknetes Basilikum

4 dünne Scheiben Frühstücksspeck

3 Esslöffel Basilikumöl

weißer Pfeffer

❶ Mozzarella und eingelegte Tomaten auf Küchenkrepp gut abtropfen lassen. Schalotten und Tomaten fein hacken, jeden Mozzarella waagerecht in zwei Hälften teilen.

❷ Backofen auf 250 °C vorheizen.

❸ Je eine Mozzarella-Hälfte mit Zwiebel- und Tomatenstücken belegen. Mit Basilikum bestreuen und mit der anderen Mozzarella-Hälfte abdecken. Jedes Mozzarella-Päckchen fest mit einer Scheibe Frühstücksspeck umwickeln.

❹ Basilikumöl in eine Auflaufform geben und die Mozzarella-Päckchen nebeneinander hineinsetzen. Ca. 5 Minuten auf zweiter Schiene von oben unter den Grill des Ofens setzen.

❺ Vor dem Servieren Mozzarella-Päckchen mit etwas Basilikumöl beträufeln und mit weißem Pfeffer bestreuen.

Für 4 Personen, pro Portion ca. 630 kcal

Gegrillte Parmesantomaten

Wenig Arbeit und schnell auf den Tisch gezaubert: gegrillte Tomaten mit Parmesanhaube. Dazu schmeckt gebuttertes Weißbrot.

Öl für das Backblech
8 Fleischtomaten
40 g Kräuterbutter
100 g Parmesan

❶ Backofen auf 200 °C vorheizen; ein Backblech reichlich mit Öl bestreichen.

❷ Tomaten auf der dem Stielansatz gegenüberliegenden Seite ½ cm tief über Kreuz mit einem Messer einschneiden. Nebeneinander auf das Backblech setzen und für ca. 15 Minuten in den Backofen geben.

❸ Gegarte Tomaten aus den Ofen nehmen und je 1 Teelöffel Kräuterbutter auf die Schnittstellen setzen. Parmesan hobeln und über die Tomaten streuen. Parmesantomaten ca. 5 Minuten im auf 250 °C erhitzten Ofen unter dem Grill überbacken.

Für 4 Personen, pro Portion ca. 212 kcal

Honig-Tomaten aus dem Ofen

Eine süße Verführung: Der Honig rundet den Eigengeschmack der Tomate auf zarte Weise ab, pikant wird das Gericht zudem durch Estragon, Salz und Pfeffer.

Butter für die Auflaufform
8 große reife Tomaten
4 Esslöffel Paniermehl
2 Teelöffel Salz
2 Teelöffel weißer Pfeffer
1 Msp. Estragon
4 Esslöffel Honig
40 g Butter

❶ Backofen auf 200 °C vorheizen; eine große Auflaufform gründlich buttern.

❷ Von den Tomaten auf der dem Stielansatz gegenüberliegenden Seite einen Deckel abschneiden, so dass die Fruchtkammern geöffnet sind. Tomaten mit der Schnittfläche nach unten auf Küchenkrepp setzen, damit Kerne und Flüssigkeit austreten können; mit einer Messerspitze vorsichtig nachhelfen. Ausgetropfte Tomaten mit dem Stielansatz nach unten in die Auflaufform setzen.

❸ Paniermehl mit Salz, Pfeffer und Estragon vermischen. Honig in die Tomaten füllen, Paniermehl-Mischung darüber geben. Jede Tomate mit 1 Teelöffel Butter krönen und den Deckel wieder aufsetzen.

❹ Honig-Tomaten ca. 20 Minuten im Backofen garen. Anschließend ca. 5 Minuten bei 250 °C unter den Grill stellen. Heiß servieren.

Für 4 Personen, pro Portion ca. 210 kcal

Zucchinimousse mit Tomatensalat

Zwar benötigt man für die Zubereitung von Zucchinimousse etwas Zeit, doch der Aufwand lohnt sich garantiert. Zum Schluss präsentiert sich gleichermaßen eine Augen- wie auch Gaumenfreude – besonders geeignet als Vorspeise eines festlichen Menüs.

2 große Zucchini
Salz
300 ml Gemüsefond
150 g kernige Haferflocken
8 Blatt weiße Gelatine
400 g Frischkäse
2 Esslöffel Weinessig
1 Bund Schnittlauch
2 Eiweiß
125 ml Sahne
300 g Tomaten
100 g Champignons
1 Schalotte
2 Esslöffel Balsamico-Essig
Zucker
Pfeffer
4 Esslöffel Keimöl

❶ Zucchini schälen und in feine Würfel schneiden. Mit Salz bestreuen und beiseite stellen.

❷ Gemüsefond in einem Topf zum Kochen bringen, Haferflocken einstreuen und auf kleinster Flamme 30 Minuten quellen lassen. Fond durch ein Sieb gießen, Flüssigkeit dabei auffangen. Haferflocken beiseite stellen.

❸ Gelatine in kaltem Wasser einweichen, herausnehmen und ausdrücken. Gemüsefond wieder erwärmen, Gelatine darin auflösen.

❹ Frischkäse in einer großen Schüssel glattrühren. Den abgekühlten, noch nicht erstarrten Gemüsefond in den Frischkäse rühren. Zucchiniwürfel, Haferflocken, Weinessig und die Hälfte des gehackten Schnittlauchs zugeben. Alles verrühren. Nacheinander Eiweiß und Sahne steif schlagen und unter die Frischkäse-Masse heben.

❺ Sechs Tassen mit kaltem Wasser ausspülen und mit Zucchinimousse füllen. In ca. 2 Stunden im Kühlschrank fest werden lassen.

❻ Für den Salat Tomaten und geputzte Champignons in Scheiben schneiden. Schalotte fein hacken.

❼ Aus Balsamico-Essig, Zucker, Pfeffer, Salz und Keimöl eine Salatsauce rühren. Schalottenwürfel zufügen und Sauce über die auf Portionstellern verteilten Tomaten und Champignons geben. Salat mit restlichem gehackten Schnittlauch bestreuen. Zucchinimousse aus den Tassen stürzen, auf die Mitte eines jeden Tellers setzen und mit dem Salat anrichten.

Für 6 Personen, pro Portion ca. 468 kcal

Ciabatta mit Blattspinat-Tomaten-Füllung

Ciabatta – das steht für besonders knuspriges italienisches Weißbrot. Die herzhafte Blattspinat-Tomaten-Füllung schmeckt aber auch auf Baguette.

❶ Schalotten abziehen, fein würfeln und in Öl glasig dünsten. Knoblauch schälen und zu den Schalotten pressen. Gefrorenen Blattspinat zufügen, alles ca. 15 Minuten dünsten. Mit Salz, Pfeffer und Muskat abschmecken.

❷ Backofen auf 200 °C vorheizen.

❸ Camembert und Tomaten in Scheiben schneiden. Ciabatta-Brote halbieren und die Hälften noch einmal in der Mitte teilen. Die unteren Brothälften dünn mit Kräuterbutter bestreichen und Tomatenscheiben darauf verteilen. Blattspinatmischung über die Tomaten geben, mit Camembert-Scheiben bedecken.

❹ Belegte Brothälften auf ein Backblech setzen und in den Ofen schieben und knapp 10 Minuten überbacken. Nach gut 5 Minuten Backzeit die oberen, nicht belegten Brothälften ebenfalls in den Ofen geben.

❺ Gefüllte Ciabatta heiß servieren, obere Brothälfte nach Belieben aufsetzen oder jeweils neben die belegte Hälfte legen.

Für 4 Personen, pro Portion ca. 491 kcal

2 Schalotten
1 Esslöffel Öl
1 Knoblauchzehe
450 g Blattspinat, tiefgefroren
Salz
weißer Pfeffer
Muskat
250 g weicher Camembert
600 g Tomaten
2 Ciabatta (à ca. 250 g)
50 g Kräuterbutter

Tomaten auf Kräutersauce

Seit über 2000 Jahren ist Tofu, den es in verschiedenen Geschmacksrichtungen gibt, in China und Japan ein wichtiger Eiweißlieferant auf dem täglichen Speisezettel. Er wird aus Sojamilch gewonnen, ist kalorienarm, besonders leicht verdaulich und äußerst vielseitig zu verwenden, z. B. gebraten, frittiert oder gebacken. Räuchertofu zeichnet sich durch ein angenehmes leichtes Raucharoma aus. Man bekommt ihn in Naturkostläden, Reformhäusern oder im Naturkostregal gut sortierter Supermärkte.

6 kleine, feste Tomaten
1 Zucchino
3 große Champignons
220 ml Gemüsebrühe
150 g Räuchertofu, zerdrückt
1 Bund Schnittlauch, fein geschnitten
1 Esslöffel mittelscharfer Senf
2 Esslöffel Crème fraîche
Kräutersalz
1 Bund Petersilie
1 Bund Kerbel
50 g Brunnenkresse
3 Blatt Liebstöckel
½ Knoblauchzehe, zerdrückt
4 Spritzer Sojasauce
4 Esslöffel Olivenöl

❶ Tomaten häuten, vierteln und die Kerne herausschneiden. Tomatenstücke zum Trocknen in Küchenpapier einschlagen. Den Zucchino waschen und in 2 cm dicke Scheiben schneiden. Die Scheiben dritteln, so daß kleine Dreiecke entstehen.

❷ Champignons putzen und klein würfeln. Mit 1 Esslöffel Gemüsebrühe in eine Pfanne geben und kurz dünsten.

❸ Räuchertofu, gedünstete Champignonwürfel, Schnittlauchröllchen, Senf und Crème fraîche in einer Schüssel verrühren. Mit Kräutersalz abschmecken. 1–2 Stunden abgedeckt ziehen lassen.

❹ Für die Sauce Kräuter waschen und trockentupfen. Blättchen von den Stielen zupfen. Kräuter, Knoblauch, Sojasauce, Kräutersalz und Gemüsebrühe im Mixer fein pürieren. Zum Schluss Olivenöl nach und nach dazumixen.

❺ Kräutersauce auf vier Teller verteilen. Tofumasse zu 12 Klößchen formen, je drei Klößchen kreisförmig auf der Sauce anrichten. Tomatenviertel mit einer Hälfte auf die Klößchen legen, dass eine Blume entsteht. Zucchinidreiecke zwischen die »Tomatenblätter« legen.

Für 4 Personen, pro Portion ca. 188 kcal

Tomaten-Cocktail mit Schrimps und Brokkoli

400 g Brokkoli
300 g Cocktailtomaten
2 Scheiben gekochter Schinken
100 g frische Schrimps
2 Esslöffel Weißweinessig
1 Esslöffel Tomaten-Ketschup
Salz
Pfeffer
6 Esslöffel Sonnenblumenöl
100 ml Sahne

In diesem Cocktail aus Tomaten, Schrimps und Schinken kommt roher Brokkoli zur Geltung: Er krönt das Ganze mit seinem nussigen Geschmack.

❶ Brokkoli putzen und in kleine, mundgerechte Stücke teilen. Cocktail-Tomaten halbieren und mit dem Brokkoli in eine große Schüssel geben. Schinken in feine Streifen schneiden und zusammen mit den Schrimps unter das Gemüse heben.

❷ Für die Salatsauce Essig mit Ketschup und Gewürzen kräftig mit einem Schneebesen verrühren. Unter Rühren das Öl einlaufen lassen, danach die Sahne zugeben. Sauce noch einmal gut durchmischen und über den Salat gießen.

❸ Salat mit der Sauce gut vermengen, ca. 20 Minuten ziehen lassen. Vor dem Servieren erneut mischen und in vier Glasschälchen umfüllen.

Für 4 Personen, pro Portion ca. 293 kcal

Tomatenomelett mit Basilikum und Ziegenkäse

Für vier Personen ein kleiner Imbiss, für zwei Personen, mit Ciabatta oder Baguette und einem gemischten Salat serviert, eine leichte Mahlzeit. Eine Garnitur aus schwarzen Oliven rundet das Ganze herzhaft ab.

3 feste Tomaten
30 g Butter
5 Eier
Kräutersalz
frisch gemahlener Pfeffer
6 frische Basilikumblätter
80 g Ziegenkäse, zerbröckelt

❶ Tomaten häuten, vierteln und entkernen. Tomatenviertel würfeln. 15 g Butter in einem Topf zerlassen, Tomatenwürfel darin 5 Minuten dünsten, etwas abkühlen lassen.

❷ Eier in einer Schüssel mit Kräutersalz und Pfeffer verschlagen, Tomaten unterrühren.

❸ Restliche Butter in einer Pfanne erhitzen, aus der Eier-Tomaten-Masse darin zwei Omeletts backen.

❹ Omeletts halbieren, auf einer vorgewärmten Platte anrichten, mit Basilikumblättern garnieren und mit Käse bestreuen.

Für 4 Personen, pro Portion ca. 208 kcal

Tomaten-Rauke-Salat

Raukeblätter, auch Rucola genannt, geben jeder Salat-Kreation im wahrsten Sinne des Wortes Pepp. Verantwortlich dafür ist die Rauke-typische leichte Schärfe.

100 g Rauke
800 g Strauchtomaten
120 g grüne, entsteinte Oliven
2 Schalotten
½ Bund Basilikum
2 Esslöffel Balsamico-Essig
2 Esslöffel Gemüsebrühe
Salz
schwarzer Pfeffer aus der Mühle
1 Teelöffel getrocknete italienische Kräuter
1 Teelöffel Honig
4 Esslöffel Basilikum-Öl
2 Packungen Mozzarella (à 200 g)
4 Scheiben Graubrot

❶ Rauke in mundgerechte Stücke teilen, Tomaten und abgetropfte Oliven in Scheiben schneiden. Schalotten abziehen und sehr fein würfeln. Vorbereitete Zutaten zusammen mit einigen Basilikum-Blättchen in einer Schüssel locker vermischen.

❷ Backofen auf 220 °C vorheizen.

❸ Für die Salatsauce Essig, Brühe, Salz, Pfeffer, italienische Kräuter und Honig kräftig verrühren, zuletzt das Öl unterrühren. Sauce über den Tomaten-Rauke-Salat geben und alles vermengen.

❹ Mozzarella gut abtropfen lassen, in Scheiben schneiden und die Brotscheiben damit belegen. Restliches Basilikum über den Mozzarella geben. Brote ca. 5 Minuten auf oberster Schiene im Backofen überbacken.

❺ Tomaten-Rauke-Salat zusammen mit überbackenen Mozzarella-Broten servieren.

Für 4 Personen, pro Portion ca. 533 kcal

Gefüllte Tomaten mit Spargel-Eier-Salat

Gefüllte Tomaten haben sich vom einstigen Party-Hit der 70er Jahre mittlerweile zum klassischen Snack entwickelt. Ein Grapefruit-Löffel, der an einer Seite ähnlich einem Messer mit Zacken besetzt ist, erleichtert übrigens das Aushöhlen der Frucht.

2 Eier
1 Dose Spargelstücke (150 g)
1 Dose Erbsen (150 g)
8 Fleischtomaten
Salz
8 Frühlingszwiebeln
250 g Fleischwurst
5 Esslöffel Jogurt
3 Esslöffel Mayonnaise
1 Spritzer Zitronensaft
Zucker
Cayennepfeffer
Paprikapulver, edelsüß

❶ Eier hart kochen, abkühlen lassen und schälen. Spargelstücke und Erbsen abtropfen lassen.

❷ Von den Tomaten einen Deckel abschneiden und das Fruchtfleisch vorsichtig mit einem Teelöffel herauslösen. Die ausgehöhlten Tomaten von innen salzen.

❸ Frühlingszwiebeln in ca. 1 cm dünne Scheiben schneiden. Fleischwurst in Würfel teilen, Eier hacken, Spargelstücke klein schneiden und alles mit den Erbsen mischen. Salat in die Tomaten füllen, Tomatendeckel aufsetzen.

❹ Für die Sauce Jogurt mit Mayonnaise glatt rühren, mit Zitronensaft, Salz, Zucker, Cayennepfeffer und Paprikapulver abschmecken. Einen Teil der Sauce vorsichtig über die Tomatenfüllung gießen, den Rest getrennt dazu reichen.

Für 4 Personen, pro Portion ca. 393 kcal

Tomatensalat mit Bananen

2 reife Bananen
1 Esslöffel Zitronensaft
500 g feste Tomaten
2 Esslöffel Balsamico-Essig
6 Esslöffel Sonnenblumenöl
½ Teelöffel mittelscharfer Senf
Salz
Pfeffer
Currypulver
Zucker
1 Bund glatte Petersilie

Ein Hauch von Exotik kommt mit diesem in Rot und Gelb gehaltenen Salat auf den Tisch. Wird er zudem in einer ausgehöhlten Ananas serviert, rückt die Karibik in greifbare Nähe.

❶ Bananen schälen, in Scheiben schneiden und mit Zitronensaft beträufeln. Tomaten abziehen, halbieren, entkernen und ebenfalls in Scheiben schneiden. Bananen- und Tomatenscheiben in einer Schüssel locker vermischen.

❷ Für die Salatsauce Essig, Öl und Senf kräftig verrühren. Mit Salz, Pfeffer, Currypulver und Zucker nach Belieben abschmecken. Sauce über den Salat geben und vorsichtig vermengen.

❸ Salat auf vier Teller verteilen und mit gehackter Petersilie bestreuen.

Für 4 Personen, pro Portion ca. 236 kcal

Zucchini-Tomaten-Salat

4 Eier
1 Bund glatte Petersilie
100 g Parmesan
300 g Zucchini
500 g Eiertomaten
3 Teelöffel Balsamico-Essig
5 Teelöffel Sonnenblumenöl
1 Prise Zucker
Salz
roter Pfeffer aus der Mühle

Zucchini-Tomaten-Salat: Eine nahr- und schmackhafte Kombination aus Gemüse und Eiern, die gut und gerne auch schon mal eine Hauptspeise ersetzt.

❶ Eier hart kochen, abkühlen lassen und in Scheiben schneiden. Petersilie grob hacken. Parmesan hobeln.

❷ Zucchini schälen und wie die Tomaten in Scheiben schneiden. Gemüse in eine große Schüssel geben.

❸ Essig und Öl zusammen mit dem Zucker und den Gewürzen zu einem Dressing verrühren; dieses über das Gemüse gießen. Eischeiben zufügen und vorsichtig unterheben.

❹ Zucchini-Tomaten-Salat mit Petersilie und Parmesan-Spänen bestreuen.

Für 4 Personen, pro Portion ca. 286 kcal

Suppen und Eintöpfe

Während der Eintopf meist aus vielen verschiedenen Zutaten wie Gemüse und Fleisch besteht, kommt die Suppe eher schlichter daher. So ist der Eintopf ideal für den größeren Hunger (Tomaten-Lamm-Eintopf, s. S. 49) und die Suppe als leichte Vorspeise (Tomatencreme mit Wein, s. S. 42). Das Besondere am Eintopf: Er schmeckt am Tag nach der Zubereitung noch besser – denn dann ist er gut durchgezogen. Natürlich kann auch die Suppe gut aufbewahrt werden; sie wird – sofern sie nicht mit Mehl gebunden wurde – am besten eingefroren.

Tomaten-Speck-Suppe

Diese deftige Tomatensuppe schmeckt am besten, wenn sie aus vollreifen Fleischtomaten zubereitet wird. In den Wintermonaten kann man auf geschälte Dosentomaten ausweichen. Die Suppe braucht dann nicht passiert werden. Es genügt, sie mit dem Stabmixer zu pürieren.

4 kleine Zwiebeln
1 kg Tomaten
1–2 Knoblauchzehen
80 g durchwachsener Speck
40 g Mehl
¾ l Fleischbrühe
Salz
frisch gemahlener Pfeffer
Paprikapulver
getrockneter Thymian
100 ml Sahne
einige Basilikumblätter zum Garnieren

❶ Zwiebeln abziehen und würfeln. Tomaten häuten, vierteln und entkernen. Knoblauchzehen abziehen und zerdrücken.

❷ Speck würfeln und in einem Topf etwas auslassen. Zwiebelwürfel darin glasig braten. Mehl darüber stäuben und kurz anschwitzen. Tomatenviertel in den Topf geben und kurz andünsten. Mit Fleischbrühe aufgießen.

❸ Suppe mit Salz, Pfeffer, Paprikapulver, Thymian und Knoblauch abschmecken. 15 Minuten zugedeckt bei schwacher Hitze köcheln lassen.

❹ Sahne halbsteif schlagen. Suppe durch ein Sieb passieren, wieder in den Topf geben, erwärmen und nochmals abschmecken. In Suppentassen füllen und mit je einer Sahnehaube und Basilikumblättern garnieren.

Für 4 Personen, pro Portion ca. 350 kcal

Tomaten-Konsommee

Eine klare Tomatensuppe, das ist einmal etwas anderes. Doch Vorsicht bei der Zubereitung des »edlen Tropfens«: Wird die Suppe zur Klärung durch ein Tuch geschüttet, darf dabei weder gerührt noch gedrückt werden – sonst wird die Konsommee trüb.

1 Gemüsezwiebel
1 Päckchen eingelegte, grüne Pfefferkörner
1 Stange Lauch
½ Bund glatte Petersilie
2 Eiweiß
2 Gläser Rinderfond (à 500 ml)
1 Lorbeerblatt
1 Dose Tomatenstücke mit Saft (400 g)
Salz
Zucker

❶ Zwiebel fein reiben, grünen Pfeffer aus der Lake nehmen und mit einer Gabel zerdrücken. Lauch putzen und in Scheiben schneiden. Petersilie grob hacken. Eiweiß mit 500 ml kaltem Rinderfond verquirlen.

❷ Rinderfond – den mit und den ohne Eiweiß – in einen großen Topf gießen, Zwiebel, Pfeffer, Lauch, Lorbeerblatt, Tomatenstücke und -saft zugeben. Alles aufkochen lassen, dabei häufig rühren. Mit Salz und Zucker abschmecken. Hitze reduzieren und Suppe ca. 50 Minuten ohne Deckel köcheln lassen.

❸ Sieb mit einem sauberen Baumwoll-Geschirrtuch auslegen und Suppe durchgießen; Gemüse dabei nicht zerdrücken.

❹ Tomaten-Konsommee noch einmal erhitzen. Auf Suppenteller verteilen und mit Petersilie bestreuen.

Für 4 Personen, pro Portion ca. 115 kcal

Kalte Tomatensuppe

800 g reife Fleischtomaten
1 rote Paprikaschote
½ Salatgurke
1 kleine rote Zwiebel
1 kleine rote Chilischote
1 Knoblauchzehe, zerdrückt
200 ml Gemüsebrühe
2 Esslöffel Weinessig
2 Esslöffel Olivenöl
¼ l Tomatenjus (s. S. 131)
Kräutersalz
frisch gemahlener weißer Pfeffer
Sojasauce

Zum Garnieren:
1 Stück Gurke, geschält
½ gelbe Paprikaschote, entkernt
Rauke, fein geschnitten

Eine gleichzeitig feurig-pikante und kühl-erfrischende leichte Vorspeise für heiße Sommertage. Dazu passt frisches Weißbrot.

❶ Tomaten häuten, Paprikaschote vierteln und entkernen. Gurke schälen, längs halbieren und Kerne mit einem Teelöffel herauslösen. Zwiebel abziehen.

❷ Tomaten, Paprikaschote, Gurke, Zwiebel und Chilischote grob zerkleinern, vermischen und durch den Fleischwolf (Scheibe Nr. 5) drehen oder mit dem Stabmixer zerkleinern. Knoblauch, Gemüsebrühe, Essig, Öl und Tomatenjus unterrühren.

❸ Suppe mit Kräutersalz, weißem Pfeffer und Sojasauce pikant abschmecken. Abgedeckt mindestens 2 Stunden kalt stellen.

❹ Kurz vor dem Servieren Gurke und Paprikaschote in Streifen schneiden. Suppe damit garnieren. Nach Belieben mit Rauke bestreuen.

Für 4 Personen, pro Portion ca. 120 kcal

Tomatensuppe mit Sherry

2 Zwiebeln
500 g reife Tomaten
4 Möhren
3 Esslöffel Butterschmalz
Salz
½ Teelöffel getrocknete Kräuter der Provence
1 Lorbeerblatt
250 ml Tomatensaft
1 Glas Rinderfond (500 ml)
Pfeffer
2 cl Sherry
4 Teelöffel Crème fraîche

Sherry, ein berühmter spanischer Dessertwein, wird aufgrund seines besonderen Buketts gerne als Zutat für Suppen und Saucen verwendet.

❶ Zwiebeln abziehen und würfeln, Tomaten häuten und vierteln. Möhren schälen und in Scheiben schneiden. Butterschmalz in einem großen Topf erhitzen. Zwiebelwürfel zufügen, mit Salz und Kräutern der Provence bestreuen. Kurz andünsten.

❷ Tomaten mit Möhren und Lorbeerblatt in den Topf geben, einige Minuten mitdünsten. Tomatensaft und Rinderfond aufgießen, zum Kochen bringen. Hitze reduzieren, Suppe mit Salz und Pfeffer abschmecken. Im geschlossenen Topf ca. 45 Minuten köcheln lassen.

❸ Gemüse mit einem Schaumlöffel aus der Suppe herausnehmen und im Mixer pürieren. Püree in die Suppe geben, umrühren und noch einmal erhitzen. Sherry zugießen und Tomatensuppe eventuell nachwürzen.

❹ Suppe auf Teller verteilen und jeweils mit 1 Teelöffel Crème fraîche garnieren.

Für 4 Personen, pro Portion ca. 215 kcal

Tomatensuppe mit Käseklößchen

Tomaten und Käse passen nicht nur als Auflauf oder Salat gut zusammen – auch in der Suppe bilden sie ein köstliches Duo. Mit vollreifen Freilandtomaten zubereitet, entfaltet die Tomatensuppe mit Käseklößchen ihr volles Aroma.

750 g Fleischtomaten
½ Teelöffel getrockneter Thymian
½ Teelöffel getrockneter Rosmarin
Salz
frisch gemahlener Pfeffer
Zucker
einige Sellerieblättchen
1 Zwiebel
1 Esslöffel Olivenöl
1 Esslöffel Mehl
5 Esslöffel Sahne
3 Esslöffel Basilikumblättchen, in Streifen geschnitten

Für die Käseklößchen:
200 g Doppelrahm-Frischkäse
100 g Parmesan, frisch gerieben
1 Ei
2 Esslöffel Mehl
1 Prise Salz
1 Prise Cayennepfeffer

❶ Tomaten häuten, vierteln und entkernen. Tomatenviertel klein würfeln. Mit ¾ l Wasser, Kräutern, ½ Teelöffel Salz, ½ Teelöffel Pfeffer, 1 Prise Zucker und Sellerieblättern in einem Topf zum Kochen bringen. Zugedeckt bei mittlerer Hitze 20 Minuten kochen lassen.

❷ Für die Klößchen Frischkäse, Parmesan, Ei und Mehl verrühren, mit Salz und Cayennepfeffer abschmecken. Teig abgedeckt in den Kühlschrank stellen.

❸ Zwiebel abziehen und fein hacken. Tomatensuppe über ein Haarsieb abgießen, Flüssigkeit zurück in den Topf geben. Tomaten durch das Sieb streichen. Olivenöl in einem Topf erhitzen, Zwiebel darin goldbraun braten. Mehl darüber stäuben, hellbraun anschwitzen, pürierte Tomaten zugeben, alles gut durchrühren und 5 Minuten bei schwacher Hitze köcheln lassen. Tomatenmasse zurück zur Suppe geben, einrühren und kurz aufkochen lassen.

❹ Salzwasser in einem Topf zum Kochen bringen. Vom Klößchenteig mit einem Teelöffel kleine Nocken abstechen und im siedenden Salzwasser 2 Minuten ziehen lassen.

❺ Tomatensuppe mit Sahne verfeinern, nochmals mit Salz, Pfeffer und Zucker abschmecken. Basilikum unterrühren. Suppe in eine Terrine oder tiefe Teller füllen, Käseklößchen einlegen.

Für 4 Personen, pro Portion ca. 417 kcal

Gazpacho

Gazpacho, eine erfrischende Gemüsesuppe, ist eine spanische Spezialität, die eiskalt aufgetragen wird. Sie kann nach Belieben auch mit Eiswasser verdünnt werden. Neben gerösteten Brotwürfeln werden verschiedene Schälchen mit feinen Würfeln von Gurke, Paprika, Tomaten und Zwiebeln zur Suppe gereicht.

800 g reife Tomaten
2 Zwiebeln
2–3 Knoblauchzehen
1 Salatgurke
1 grüne Paprikaschote
1 rote Paprikaschote
3 Esslöffel Olivenöl
1 Esslöffel Weinessig
Salz
frisch gemahlener Pfeffer
2–3 Scheiben Weißbrot, entrindet
25 g Butter

❶ Tomaten häuten, vierteln und entkernen. Zwiebeln und Knoblauchzehen abziehen. Gurke schälen, längs halbieren, entkernen und würfeln. Paprikaschoten halbieren, entkernen und achteln.

❷ Jeweils ⅓ der Tomaten, Zwiebeln, Knoblauch, Gurke und Paprikaschoten würfeln. Den Rest mit Öl und Essig im Mixer pürieren, mit Salz und Pfeffer abschmecken. Gazpacho in einer Schüssel im Kühlschrank abgedeckt kalt stellen.

❸ Kurz vor dem Servieren Weißbrotscheiben würfeln. Butter in einer Pfanne erhitzen, Brotwürfel darin goldbraun rösten. Wie die Gemüsewürfel in einer kleinen Schale zur Suppe reichen.

Für 4 Personen, pro Portion ca. 250 kcal

Tomatencreme mit Wein

Der Wein macht's: Zum einen verfeinert er den Geschmack der klassischen Tomatensuppe, zum anderen wird es sicherlich jedem Genießer beim Verzehr warm ums Herz.

200 g gekochter Schinken
2 Esslöffel Öl
1 Dose Tomaten (à 400 g)
½ l Fleischbrühe
200 ml Weißwein
200 g Frischkäse
100 g Crème fraîche
2 Esslöffel Tomatenmark
Salz
Pfeffer

❶ Schinken würfeln. Öl in einem großen Topf erhitzen, Schinkenwürfel kurz anbraten.

❷ Tomaten durch ein Sieb schütten. Flüssigkeit auffangen, Tomaten klein schneiden. Tomatensaft und -stücke in den Topf geben, umrühren. Fleischbrühe und Wein aufgießen, Suppe zum Kochen bringen und ca. 15 Minuten köcheln lassen.

❸ Frischkäse, Crème fraîche und Tomatenmark in einer Schüssel mit dem Schneebesen glatt rühren. 2 Tassen Suppenflüssigkeit zufügen und unterrühren. Creme in die Suppe rühren, nochmals kurz aufkochen. Tomatensuppe nach Geschmack mit Salz und Pfeffer abschmecken.

Für 4 Personen, pro Portion ca. 485 kcal

Klassische Tomatensuppe

Ob als Eröffnung eines Menüs, als Zwischenmahlzeit oder leichtes Gericht zum Abend: Eine köstliche Tomatensuppe bietet sich fast immer an.

3 Schalotten
2 Esslöffel Speiseöl
500 g reife Tomaten
¾ l Gemüsebrühe
2 Esslöffel Butter
1 Esslöffel Mehl
100 g Crème fraîche
Salz
Pfeffer
Zucker

❶ Schalotten in feine Würfel schneiden. Öl in einem großen Topf erhitzen, Schalottenwürfel andünsten. 1 Esslöffel zum Garnieren zurück behalten.

❷ Tomaten vierteln und entkernen, in den Topf geben. Unter Rühren kurz andünsten. Gemüsebrühe aufgießen und ca. 20 Minuten kochen lassen. Suppe durch ein Sieb passieren und beiseite stellen.

❸ Butter in einem großen Topf schmelzen, mit Mehl bestreuen und mit dem Schneebesen kräftig verrühren. Tomatenbrühe nach und nach unterrühren; es dürfen sich keine Klümpchen bilden.

❹ Crème fraîche unter die Tomatensuppe ziehen. Mit den Gewürzen nach Belieben abschmecken.

Für 4 Personen, pro Portion ca. 322 kcal

Brotsuppe mit Tomaten

Pikant und sättigend, das ist die Brotsuppe mit Tomaten: Pfefferschoten und Knoblauch geben der Suppe Schärfe und Aroma, Weißbrot und Tomaten stillen als Einlage den Hunger.

2 Pfefferschoten
2 Knoblauchzehen
1 Bund Petersilie
150 g Weißbrot
3 Schalotten
2 Esslöffel Olivenöl
1 große Dose Tomaten (800 g)
½ l Gemüsebrühe
Salz
Pfeffer
etwas Olivenöl zum Würzen

❶ Pfefferschoten entkernen und in schmale Streifen schneiden. Knoblauchzehen abziehen und in hauchdünne Scheiben schneiden. Petersilie hacken. Brot entrinden und in ca. 1,5 cm dicke Streifen schneiden.

❷ Schalotten abziehen und würfeln. Öl in einem großen Topf erhitzen und Schalottenwürfel andünsten.

❸ Tomaten mit Flüssigkeit, Pfefferschoten, Petersilie und Knoblauchscheiben in den Topf geben. Mit einer Gabel die Tomaten fein zerdrücken. Umrühren, mit Gemüsebrühe auffüllen und mit Salz und Pfeffer abschmecken. Suppe zum Kochen bringen, umrühren, Hitze reduzieren, alles ca. 15 Minuten köcheln lassen.

❹ Brotstreifen zur Suppe geben und erneut 10 Minuten köcheln lassen. Suppe auf Teller verteilen und jede Portion mit einem Spritzer Olivenöl würzen.

Für 4 Personen, pro Portion ca. 197 kcal

Tomaten-Orangen-Suppe

Die Hühnerbrühe für dieses Gericht lässt sich problemlos selber herstellen – benötigt allerdings etwas Zeit: 1 Suppenhuhn mit 2 ½ l Wasser aufkochen, sich bildenden Schaum abschöpfen. 1 Bund Suppengrün, 1 kleine geschälte Zwiebel mit 3 Gewürznelken gespickt und 1 kleinen Bund Estragon zufügen, salzen und pfeffern. Brühe 1 ½ Stunden köcheln lassen, dann durch ein Sieb gießen. Abkühlen lassen, Fettschicht abnehmen.

1 Zwiebel
1 Knoblauchzehe
1 Kartoffel
1,5 kg Tomaten
2 Esslöffel Öl
4 Teelöffel gehackter Estragon
½ l Hühnerbrühe
Salz
frisch gemahlener Pfeffer
¼ l Orangensaft
1 Teelöffel abgeriebene Orangenschale

❶ Zwiebel und Knoblauch abziehen, Zwiebel in Scheiben schneiden, Knoblauch zerdrücken. Kartoffel schälen und würfeln, Tomaten häuten, vierteln und entkernen. Tomatenviertel hacken.

❷ Öl in einem Topf erhitzen. Zwiebelringe und Kartoffelwürfel unter Rühren darin 2–3 Minuten andünsten, bis die Zwiebelringe glasig sind.

❸ Tomaten, Estragon und Knoblauch zugeben, mit Hühnerbrühe aufgießen, mit Salz und Pfeffer abschmecken. Alles zum Kochen bringen, bei schwacher Hitze 20–25 Minuten köcheln lassen.

❹ Suppe nach Belieben im Mixer oder mit dem Stabmixer pürieren, Orangensaft und -schale zufügen, nochmals erhitzen. Tomaten-Orangen-Suppe heiß oder gekühlt servieren.

Für 6 Personen, pro Portion ca. 130 kcal

Scharfe Tomatensuppe mit Avocado und Schrimps

Das schmeckt nicht nur in Mexiko: Die scharfe Tomatensuppe sorgt auch in kühleren Gefilden für angenehme Wärme – und nicht zuletzt ist sie der richtige Anheizer für jede Party.

1 rote Zwiebel
2 große Dosen Tomaten (à 800 g)
5 Esslöffel Olivenöl
2 Knoblauchzehen
½ Teelöffel Oregano
½ Teelöffel Chilipulver
Salz
1 Teelöffel gekörnte Gemüsebrühe
1 Esslöffel Zucker
4 Scheiben Weißbrot
1 Avocado
Saft von 1 Zitrone
1 gelbe Paprikaschote
2 Esslöffel gehackte Petersilie
einige Spritzer Tabasco
100 g Schrimps
1 Esslöffel gehacktes Basilikum

❶ Zwiebel würfeln. Tomaten durch ein Sieb passieren, Saft auffangen.

❷ 2 Esslöffel Öl in einem großen Topf erhitzen. Zwiebelwürfel andünsten, 1 Knoblauchzehe hinzupressen. Passierte Tomaten mit Saft zufügen, umrühren. Suppe mit Oregano, Chilipulver, Salz, Gemüsebrühe und Zucker abschmecken; ca. 10 Minuten köcheln lassen. Nochmals abschmecken.

❸ Weißbrotscheiben entrinden und würfeln. Restliches Öl in einer Pfanne erhitzen, Brotwürfel rösten; 1 Knoblauchzehe dazupressen. Beiseite stellen.

❹ Avocado längs halbieren, Kern entfernen und Fruchtfleisch mit einem Esslöffel vollständig auslösen. Fruchtfleisch würfeln, in eine Schüssel geben und schnell mit der Hälfte des Zitronensafts beträufeln.

❺ Paprikaschote putzen und würfeln; zu den Avocadowürfeln geben. Petersilie untermischen und alles mit Salz und Tabasco abschmecken.

❻ In einer Schüssel Schrimps mit Basilikum und restlichem Zitronensaft vermischen. Wie die Brotwürfel und die Avocado-Mischung separat zur Suppe reichen.

Für 6 Personen, pro Portion ca. 295 kcal

Tomaten-Knoblauch-Suppe

Damit diese Suppe auch zu Recht ihren Namen verdient, kommen gleich zehn Knoblauchzehen in den Topf. Da acht der Zehen kurz vor Ende der Kochzeit wieder herausgenommen werden, ist der Knoblauchgeschmack gerade richtig.

10 Knoblauchzehen
1 rote Zwiebel
2 Esslöffel Öl
2 Dosen Tomatenstücke (à 400 g)
500 ml Fleischbrühe
200 ml Tomatensaft
1 Lorbeerblatt
1 Esslöffel süße Sojasauce
1 Teelöffel Balsamico-Essig
1 Prise Zucker
Salz
Pfeffer
100 g Crème fraîche
1 Handvoll Basilikumblätter

❶ Knoblauchzehen und Zwiebel abziehen, Zwiebel in Ringe schneiden.

❷ Öl in einem großen Topf erhitzen, Zwiebelringe und Knoblauchzehen andünsten.

❸ Tomatenstücke mit Flüssigkeit in den Topf geben, umrühren. Fleischbrühe, Tomatensaft und Lorbeerblatt zufügen. Mit Sojasauce, Essig, Zucker, Salz und Pfeffer abschmecken. Suppe zum Kochen bringen, umrühren. Hitze reduzieren, alles ca. 30 Minuten köcheln lassen.

❹ Lorbeerblatt und Knoblauchzehen mit dem Schaumlöffel aus der Suppe herausnehmen. Zwei der Zehen mit der Gabel fein zerdrücken und wieder in die Suppe geben. Crème fraîche unterrühren, Tomaten-Knoblauch-Suppe nach Geschmack nachwürzen und noch einmal 5 Minuten köcheln lassen. Mit Basilikumblättern garnieren.

Für 4 Personen, pro Portion ca. 239 kcal

Tomaten-Lamm-Eintopf

Lammrücken, Tomaten, Kräuter, feine Gewürze und Rotwein – das alles wird zum deftigen Tomaten-Lamm-Eintopf. Eine kräftige Mahlzeit, die garantiert jeden Hunger stillt.

400 g Tomaten
100 g rote Zwiebeln
3 Knoblauchzehen
500 g Lammrücken, ausgelöst
½ Bund glatte Petersilie
4 Esslöffel Olivenöl
2 Esslöffel Tomaten-Ketschup
Salz
Pfeffer
½ Teelöffel getrockneter Thymian
1 Zweig Rosmarin
¼ l Rotwein
¾ l Gemüsebrühe
80 g grüne Oliven, ohne Stein

❶ Tomaten häuten, vierteln und entkernen. Zwiebeln und Knoblauchzehen abziehen; Zwiebeln in Ringe schneiden, Knoblauchzehen fein würfeln. Mit einem scharfen Messer die Haut vom Lammfleisch abtrennen, Fleisch mundgerecht würfeln. Petersilie hacken.

❷ Öl in einem großen Topf erhitzen. Zwiebelringe und Knoblauch kurz anbraten. Fleisch zugeben und unter Rühren scharf anbraten. Tomaten-Ketschup, Salz, Pfeffer, Thymian und Rosmarin zufügen; umrühren. Rotwein und Brühe aufgießen, Eintopf zum Kochen bringen und ca. 30 Minuten leise köcheln lassen.

❸ Tomaten, Oliven und Petersilie unter den Eintopf rühren, nochmals 10 Minuten köcheln lassen. Rosmarinzweig entfernen. Nach Geschmack nachwürzen. Tomaten-Lamm-Eintopf vor dem Servieren mit Petersilie bestreuen.

Für 4 Personen, pro Portion ca. 451 kcal

Bohnen-Tomaten-Eintopf

Besonders in der kalten Jahreszeit bewährt sich der Bohnen-Tomaten-Eintopf als Energiebringer. Der Duft des Bohnenkrauts, der sich beim Kochen entfaltet, ist zudem ein würziger Muntermacher für die Seele.

❶ Zwiebeln und Knoblauchzehen abziehen und in Scheiben schneiden. Tomaten häuten und in mundgerechte Stücke schneiden.

❷ Öl in einem großen Topf erhitzen, Zwiebeln und Knoblauch darin andünsten. Tomaten-Ketschup unterrühren. Tomatenstücke zugeben und kurz mitdünsten.

❸ Grüne Bohnen abtropfen lassen und in den Topf geben. Mit Gemüsebrühe aufgießen und mit Essig, Salz und Pfeffer abschmecken. Bohnenkraut zufügen und Suppe zum Kochen bringen. Hitze reduzieren, alles ca. 30 Minuten köcheln lassen. Ab und zu umrühren.

❹ Nach der Garzeit das Bohnenkraut entfernen und den Eintopf nach Belieben abschmecken.

Für 4 Personen, pro Portion ca. 161 kcal

2 Zwiebeln
4 Knoblauchzehen
800 g Fleischtomaten
2 Esslöffel Olivenöl
2 Esslöffel Tomaten-Ketschup
1 Dose grüne Bohnen (400 g)
1 l Gemüsebrühe
2 Teelöffel Balsamico-Essig
Salz
weißer Pfeffer
1 Zweig Bohnenkraut

Gurken-Tomaten-Eintopf mit Mettbällchen

Hier geht es deftig zur Sache: Von Gurken über Tomaten und Pilze bis hin zu einer Verfeinerung aus Crème fraîche ist sicherlich für jeden Geschmack etwas dabei.

❶ Pilze gut abtropfen lassen. Gemüsegurken schälen, halbieren und entkernen. Gurken in Scheiben, Tomaten in Viertel schneiden.

❷ Mett mit Pfeffer und Salz abschmecken und kleine Bällchen formen. Fett in einer Pfanne erhitzen, Mettbällchen von beiden Seiten braten, bis sie eine gute Bräune zeigen. Herausnehmen und beiseite stellen.

❸ Öl in einem großen Topf erhitzen, Mischpilze und Gurken kurz anbraten. Tomatenstücke zufügen, umrühren und alles mit Gemüsebrühe aufgießen. Suppe zum Kochen bringen und ca. 20 Minuten bei milder Flamme köcheln lassen.

❹ Mettbällchen und Dill zur Suppe geben und Crème fraîche einrühren. Eintopf nach Geschmack mit Pfeffer und Salz abschmecken.

Für 4 Personen, pro Portion ca. 358 kcal

1 Dose Mischpilze (300 g)
3 kleine Gemüsegurken
500 g Fleischtomaten
250 g Schweinemett
Pfeffer
Salz
3 Teelöffel Bratfett
2 Esslöffel Öl
¾ l Gemüsebrühe
1 Esslöffel gehackter Dill
3 Esslöffel Crème fraîche

Eingemachtes und Eingelegtes

Tomaten und Co. werden entweder in Essig oder in einer Mischung aus Essig und Öl eingelegt. Vor dem Verzehr sollte das Eingelegte in seiner Marinade ein bis zwei Tage im Kühlschrank stehen. Dann kann sich der besondere Geschmack gut entfalten, den die Tomaten durch die anderen Zutaten bekommen. Dabei kann es sich genauso um eine angenehme Schärfe handeln (Eingelegte Chilitomaten, s. S. 58) wie um eine intensive Kräuterwürze (Cocktailtomaten in Estragonessig, s. S. 58).
Ist von Eingemachtem die Rede, darf die Tomaten-Marmelade nicht vergessen werden: Ihr pikanter Geschmack kommt am besten auf ungesalzenem italienischen Weißbrot zur Geltung.

Eingemachte Tomaten

Zum Einmachen von Tomaten benötigt man kein spezielles Einkochgerät – dafür reicht der ganz normale Backofen. Und was alles zusammen mit den Tomaten eingekocht wird, kann nach Lust und Laune entschieden werden: Schalotten, rote Zwiebeln, Gemüsezwiebeln, Frühlingszwiebeln, Knoblauch, Lauchringe, Möhrenscheiben, Selleriestreifen u. a.

1 kg Fleischtomaten

12 Frühlingszwiebeln

2 Knoblauchzehen

3 Esslöffel Basilikum-Öl

1 Esslöffel Obstessig

½ Teelöffel getrocknete italienische Kräuter

1 Teelöffel brauner Zucker

Salz

Pfeffer

❶ Tomaten schälen, vierteln und entkernen. Zwiebeln abziehen, Lauch abtrennen, Zwiebeln halbieren. Knoblauch abziehen, fein hacken.

❷ Backofen auf 175 °C vorheizen. Ein tiefes Backblech (Fettpfanne) 3 cm hoch mit Wasser füllen.

❸ Öl in einem großen Topf erhitzen, Zwiebeln und Knoblauch kurz andünsten. Tomatenstücke, Essig, Kräuter, Zucker, Salz und Pfeffer zugeben; unter Rühren erhitzen. Gemüse ca. 15 Minuten dünsten, ab und zu umrühren. Abschmecken.

❹ Vier Einmachgläser (Füllmenge ca. 250 ml) mit Tomatengemüse füllen und auf das Backblech setzen. Blech in die unterste Einschubleiste des Backofens schieben. Sobald das Tomatengemüse zu köcheln beginnt, die Backofentemperatur auf 150 °C reduzieren. Nach 30 Minuten Gläser aus dem Ofen nehmen.

4 Portionen, pro Glas ca. 152 kcal

Wodka-Kirschtomaten

Jetzt wird's russisch: Wodka-Kirschtomaten – das ist der perfekte Zwischengang eines mehrgängigen Menüs; einfach vor der Hauptspeise servieren, um noch einmal den Appetit anzuregen.

500 g Kirschtomaten

2 Päckchen eingelegte, grüne Pfefferkörner

1 Tasse Wodka

4 Esslöffel Kräutersalz

1 Esslöffel weißer Pfeffer aus der Mühle

1 Limone

❶ Kirschtomaten rundum mit einem Zahnstocher einstechen. Pfefferkörner aus der Lake nehmen und mit dem Messerrücken zerdrücken. Lake aufheben.

❷ Wodka in eine Auflaufform gießen, Pfeffer und Lake zugeben. Kirschtomaten nebeneinander hineinsetzen. Form mit Klarsichtfolie abdecken und 2 Stunden in den Kühlschrank stellen.

❸ Kräutersalz in einer Schale mit weißem Pfeffer mischen und als Dip zu den Kirschtomaten reichen. Limone achteln und damit das Kräutersalz garnieren. Kirschtomaten vor dem Verzehr auf Küchenkrepp abtropfen lassen.

Für 4 Personen, pro Portion ca. 83 kcal

Grüne Tomaten in Ingwer-Essig

Ingwer und Zimt – die idealen Gewürze zum Einmachen und für Kompott – verleihen den grünen Tomaten ein fast orientalisch anmutendes Aroma. Zusammen mit Nan, dem indischen Brotfladen, schmecken sie als Zwischengericht oder als Vorspeise eines indischen Reisgerichts.

1 Stück frischer Ingwer (ca. 6 cm)

1 kg weiche grüne Tomaten (die bereits orange Stellen zeigen)

2 Esslöffel Salz

1 l Rotwein-Essig

500 g brauner Zucker

1 Esslöffel schwarze Pfefferkörner

1 Zimtstange

❶ Ingwer schälen und in feine Scheiben schneiden. Tomaten vierteln und entkernen. 2 l Wasser mit Salz leicht zum Kochen bringen, Tomatenviertel zufügen. Nach ca. 2 Minuten Tomaten mit dem Schaumlöffel herausnehmen. Etwas abkühlen lassen, Haut abziehen und Tomaten auf vier Einmachgläser (Füllmenge ca. ½ l) verteilen.

❷ Rotwein-Essig zusammen mit Zucker, Pfefferkörnern, Zimtstange und Ingwer unter Rühren zum Kochen bringen. Sud ca. 5 Minuten kochen lassen, ab und zu umrühren.

❸ Zimtstange aus dem Sud entfernen und heiße Flüssigkeit über die Tomaten gießen. Gläser verschließen und abgekühlt zur Aufbewahrung in den Kühlschrank stellen. Binnen ca. acht Wochen verbrauchen.

4 Portionen, pro Glas ca. 59 kcal

Cocktailtomaten in Estragonessig

Sind die eingelegten Cocktailtomaten allesamt verspeist, sollte ein besonderes Augenmerk auf den Essig gelegt werden: Einer Weiterverwendung für köstliche Salatsaucen steht nichts im Wege!

1 kg Strauch-Cocktailtomaten
4 Knoblauchzehen
4 l Weißweinessig
3 Zweige Estragon
1 Teelöffel Pimentkörner

❶ Cocktailtomaten mit einem Zahnstocher rundum anstechen. Knoblauchzehen abziehen.

❷ Essig in einen großen Topf geben, Estragon, Knoblauchzehen und Pimentkörner zufügen. Flüssigkeit erhitzen und ca. 10 Minuten kochen lassen. Abkühlen und durch ein Sieb gießen, um den Essig von den anderen Zutaten zu trennen.

❸ Tomaten auf vier Einmachgläser (Füllmenge ca. 1 l) verteilen. Jedes Glas bis ca. 2 cm unter den Rand mit Essig füllen. Gläser verschließen und im Kühlschrank aufbewahren.

❹ Cocktailtomaten im gewürzten Essig einige Tage ziehen lassen. An einem kühlen Ort sind die eingelegten Tomaten ca. 8 Wochen haltbar.

4 Portionen, pro Glas ca. 47 kcal

Eingelegte Chilitomaten

Eingelegte Chilitomaten machen nicht nur als Snack eine gute Figur – sie schmecken auch hervorragend zu allem Kurzgebratenen.

1 kg reife, feste Tomaten
4 Schalotten
4 Knoblauchzehen
4 Chilischoten, getrocknet
1 l weißer Balsamico-Essig
2 Lorbeerblätter

❶ Tomaten vierteln und entkernen. Schalotten abziehen, jede in vier Stücke zerteilen. Knoblauchzehen abziehen, halbieren.

❷ Tomaten, Schalotten und Knoblauch auf vier Einmachgläser (Füllmenge ca. ½ l) verteilen. In jedes Glas 1 Chilischote geben.

❸ Balsamico-Essig zusammen mit Lorbeerblättern in einem Topf erhitzen. Einige Minuten köcheln lassen. Lorbeerblätter entfernen und Essig in die Gläser gießen; das Eingelegte sollte ganz mit Flüssigkeit bedeckt sein.

❹ Eingelegte Chilitomaten bis zum Verzehr drei Tage ziehen lassen. Gläser im Kühlschrank aufbewahren; Inhalt in ca. acht Wochen aufbrauchen.

4 Portionen, pro Glas ca. 96 kcal

Getrocknete Tomaten mit Birnen in Knoblauchöl

Diese besondere Mischung – Tomaten und Birnen – benötigt auch den besonderen Rahmen, zum Beispiel ein Raclette-Essen, bei dem die übliche Beilage aus Mixedpickles durch getrocknete Tomaten mit Birnen in Knoblauchöl ersetzt wird.

500 g getrocknete Tomaten in Öl
1 Dose Williamsbirnen (400 g)
4 Knoblauchzehen
½ Bund Thymian
300 ml Apfelessig
¾ l Keimöl
Zucker
Salz
Pfeffer

❶ Getrocknete Tomaten aus dem Öl nehmen, kurz abspülen und mit Küchenkrepp abtupfen. Birnen abtropfen lassen und in ca. 2 cm dicke Scheiben schneiden. Knoblauch abziehen, quer in dünne Scheiben schneiden.

❷ Tomaten, Birnen, Knoblauch und Thymian auf vier Einmachgläser (Füllmenge ca. ½ l) verteilen.

❸ Essig, Öl, Zucker, Salz und Pfeffer zu einer Marinade verrühren. Abschmecken, über die Zutaten in den Gläsern gießen. Gläser verschließen und bis zum Verzehr einen Tag im Kühlschrank ziehen lassen. Eingelegte getrocknete Tomaten im Kühlschrank aufbewahren und binnen vier Tagen verbrauchen.

4 Portionen, pro Glas ca. 125 kcal

Tomaten-Marmelade

Ob zu Weißbrot oder zu kräftigem Bauernbrot, Tomaten-Marmelade ist der herzhafte Brotaufstrich, der zu jeder Tageszeit schmeckt.

1 kg reife Tomaten
2 cm frische Ingwerwurzel
abgeriebene Schale von 1 Orange
Saft von 1 Zitrone
1 kg Gelierzucker

❶ Tomaten grob schneiden, in einen Topf geben. Mit ca. 200 ml Wasser begießen und aufkochen. Tomaten knapp 10 Minuten köcheln lassen, in ein Sieb schütten. Früchte durchpassieren, in einen Topf geben und abkühlen lassen.

❷ Ingwer schälen, in dünne Scheiben schneiden und diese ganz fein hacken. Ingwer mit Orangenschale, Zitronensaft und Gelierzucker zum Tomatenmus geben. Alles gut verrühren; unter Rühren aufkochen. Marmelade knapp 5 Minuten stark kochen lassen, bis die Masse geliert.

❸ Heiße Tomaten-Marmelade sofort in Gläser mit Drehverschluss füllen. Auf den Deckel gestellt erkalten lassen.

Ca. 500 ml Marmelade, insgesamt ca. 4245 kcal

Eingelegte Cherry-Strauchtomaten mit Oliven und Schafskäse

500 g Cherry-Strauchtomaten
500 g Schafskäse
1 Bund glatte Petersilie
1 Knoblauchzehe
60 g schwarze Oliven, entsteint
60 g grüne Oliven, entsteint
150 ml Weinessig
½ l Olivenöl
Salz
bunter Pfeffer aus der Mühle
Zucker

Eingelegte Tomaten und Co. eignen sich gut als »Knabberei« zu Wein, Sekt oder Champagner. Das passende Besteck: kleine Bowlen-Gabeln.

❶ Tomaten mit einem Zahnstocher rundum einstechen. Schafskäse in ca. 2 x 2 cm große Würfel teilen.

❷ Petersilie grob hacken, Knoblauchzehe abziehen und in feine Scheiben hobeln. Schafskäse abwechselnd mit Tomaten, Oliven, Knoblauch und Kräutern in ein großes Glas (Füllmenge ca. 1,5 l) schichten.

❸ Für die Marinade Essig mit Öl verrühren und mit Salz, Pfeffer und Zucker abschmecken. Marinade über die Zutaten im Glas gießen.

❹ Glas mit Klarsichtfolie verschließen und Eingelegtes im Kühlschrank einen Tag ziehen lassen. Kühl aufbewahren; binnen vier Tagen verbrauchen.

Für 4 Personen, pro Portion ca. 402 kcal

Beilagenvariationen

Was passt am besten zu deftigem Braten, herzhaft Kurzgebratenem, kräftig Gegrilltem, feinem Fisch oder zu einfachen Kartoffelgerichten? Die Tomate, und zwar als Sauce (Gebackenes Kartoffelpüree mit Tomatensauce, s. S. 77), gefüllt (Gefüllte Tomaten mit Sultaninen-Reis, s. S. 79), als Gemüse aus dem Ofen (Provenzalisches Tomatengemüse, s. S. 72) oder als gebratenes Gemüse (Gebratene grüne Tomaten mit Béchamelsauce, s. S. 74). Auch solo mit Brot schmeckt eine tomatige Beilage sehr gut – dann wird sie zum köstlichen Happen für zwischendurch oder zu einer leichten Mahlzeit für den Abend.

Gnocchi mit Tomaten und Salbei

Die italienische Art, Kartoffelklößchen zuzubereiten: Aus gekochten Kartoffeln, Eigelb und Mehl entsteht der Teig für so genannte Gnocchi. Nach wenigen Minuten im heißen Wasser sind die Klößchen bereits gar, die – natürlich – am besten in einer Tomatensauce schmecken.

1 kg Kartoffeln, mehlig kochend
1 kg reife Strauchtomaten
2 Schalotten
2 Esslöffel Sonnenblumenöl
Salz
Pfeffer
3 Eigelb
200 g Mehl
1 Esslöffel Butter
12 Salbeiblätter
50 g Pecorino, gerieben

❶ Kartoffeln ungeschält in 20–25 Minuten weich kochen.

❷ Tomaten vierteln, entkernen und in Würfel schneiden. Schalotten abziehen und fein würfeln.

❸ Öl in einer Pfanne erhitzen. Schalottenwürfel zufügen und glasig dünsten. Tomatenwürfel zugeben, umrühren, mit Salz und Pfeffer abschmecken. Tomatengemüse bei mittlerer Hitze ca. 10 Minuten köcheln lassen, bis die Tomaten eingekocht sind. Eventuell nachwürzen.

❹ Ca. 2 l Salzwasser in einem großen Topf zum Kochen bringen.

❺ Die noch heißen Kartoffeln pellen, in eine Schüssel geben und mit einer Gabel kräftig zerdrücken. Eigelb, Salz und Mehl unterkneten, bis eine geschmeidige Masse entstanden ist. Mit einem Teelöffel Klößchen abstechen und zwischen den Handflächen zu kleinen Rollen formen.
Die Gnocchi mit einer Gabel etwas flach drücken und dann portionsweise im kochenden Wasser ca. 4 Minuten ziehen lassen. Mit einem Schaumlöffel herausnehmen.

❻ Butter in einer Pfanne schmelzen lassen, Salbei kurz darin anbraten.
Die Gnocchi in Salbei-Butter schwenken und auf Teller verteilen.
Mit Tomatensauce und Pecorino servieren.

Für 4 Personen, pro Portion ca. 539 kcal

Tomaten in Basilikum-Creme

Basilikum ist aus der heutigen Küche kaum mehr fortzudenken. Gerade die frischen Basilikumblätter entfalten ein besonders kräftiges Aroma, das auch kennzeichnend für dieses Tomatengericht ist. Wer jedoch getrockneten statt frischen Basilikum verwendet, muss mit einem völlig anderen Geschmack rechnen: Getrocknetes Basilikum schmeckt leicht nach Anis.

250 g rote Zwiebeln
2 Knoblauchzehen
8 Fleischtomaten
Butter für die Form
2 Esslöffel Butterschmalz
125 ml Gemüsebrühe
125 ml Prosecco
250 ml Crème fraîche
Salz
Zitronenpfeffer
1 Handvoll Basilikumblätter
50 g Pinienkerne
50 g Parmesan, gerieben

❶ Zwiebeln und Knoblauch abziehen; fein würfeln. Tomaten häuten.

❷ Backofen auf 220 °C vorheizen; eine Auflaufform gründlich buttern.

❸ Butterschmalz in einer Pfanne erhitzen, Zwiebel- und Knoblauchwürfel dünsten. Gemüsebrühe und Prosecco aufgießen, umrühren. Ca. 10 Minuten köcheln lassen.

❹ Crème fraîche einrühren und Sauce unter Rühren einkochen lassen. Mit Salz und Pfeffer abschmecken. Zuletzt Basilikumblätter und Pinienkerne unterrühren.

❺ Tomaten mit dem Stielansatz nach unten in die Auflaufform setzen. Obere Tomatenseite kreuzweise mit einem Messer einschneiden. Tomaten mit Basilikum-Creme begießen und mit Parmesan bestreuen.

❻ Auflaufform für ca. 15–20 Minuten auf mittlerer Schiene in den Ofen geben.

Für 4 Personen, pro Portion ca. 270 kcal

Spagetti mit Kirschtomaten

Ein einfaches, preiswertes Gericht, das in 30 Minuten zubereitet ist. Die Spagetti können nach Belieben durch Spirelli, Tagliatelle, Farfalle, Penne oder auch Vollkornnudeln ersetzt werden. Vollkornnudeln sind übrigens besonders reich an Ballaststoffen und B-Vitaminen.

1 Knoblauchzehe
3 Esslöffel Olivenöl
1 Esslöffel gehacktes Basilikum
1 Esslöffel gehackte Petersilie
500 g Kirschtomaten
Würzöl
Kräutersalz
frisch gemahlener Pfeffer
500 g Spagetti
Salz
150 g Erbsen
150 g Frischkäse mit Feta (Fertigprodukt)

❶ Ofen auf 225 °C vorheizen. Knoblauch abziehen und fein hacken. Olivenöl, Knoblauch, Basilikum und Petersilie in einer kleinen Schüssel verrühren.

❷ Tomaten in eine große Auflaufform füllen. Würzöl darüber verteilen. Mit Kräutersalz und Pfeffer bestreuen. Tomaten im vorgeheizten Ofen 10 Minuten braten.

❸ Spagetti in reichlich kochendem Salzwasser nach Packungsanweisung bissfest garen. 3 Minuten vor Ende der Garzeit Erbsen zufügen.

❹ Spagetti-Erbsen-Mischung abtropfen lassen, dabei knapp ¼ l Kochwasser in einer Schüssel auffangen.

❺ Frischkäse und aufgefangenes Kochwasser mit dem Schneebesen zu einer cremigen Sauce verrühren. Nach Belieben abschmecken.

❻ Spagetti-Erbsen-Mischung zu den Kirschtomaten in die Form geben. Käsesauce darüber verteilen und alles gut unterheben. Nochmals mit Salz und Pfeffer abschmecken und heiß servieren.

Für 4 Personen, pro Portion ca. 663 kcal

Ravioli mit Tomaten

Ravioli, das sind kleine italienische Teigtaschen, gefüllt mit einer Fleisch-, Schinken-, Käse- oder Spinatfarce. Sie werden kochfertig angeboten. Eine Variante der Ravioli sind kleine gefüllte Teigringe, Tortellini genannt.

1 Dose geschälte Tomaten mit Saft (800 g)

1 Zwiebel

1 Knoblauchzehe

4 Esslöffel Olivenöl

1 Zweig Rosmarin

Salz

frisch gemahlener Pfeffer

3 Esslöffel Pinienkerne

800 g frische Ravioli (mit Spinatfüllung)

❶ Tomaten auf einem Sieb abtropfen lassen, Saft in einer Schüssel auffangen. Tomaten grob schneiden. Zwiebel und Knoblauchzehe abziehen; fein hacken.

❷ Olivenöl in einem Topf erhitzen, Zwiebel und Knoblauch ca. 3 Minuten darin andünsten. Tomatenfruchtfleisch, Tomatensaft und Rosmarin zugeben; Gemüse im offenen Topf ca. 20 Minuten köcheln lassen. Mit Salz und Pfeffer abschmecken.

❸ Pinienkerne in einer trockenen Pfanne goldbraun rösten. Ravioli in reichlich Salzwasser nach Packungsanweisung garen, abgießen und abtropfen lassen.

❹ Tomatensauce mit Salz und Pfeffer abschmecken, in einer Schüssel mit den Ravioli vermischen. Mit Pinienkernen bestreut servieren.

Für 4 Personen, pro Portion ca. 825 kcal

Gebratene Tomaten mit Minzsauce

Die leicht geminzte Jogurt-Sauce gibt den gebratenen Eiertomaten den letzten Pfiff und nimmt dazu servierten Fleischgerichten – wie zum Beispiel Hackfleischbällchen mit Chili – die Schärfe.

8 Eiertomaten

Salz

Olivenöl zum Braten

500 ml Jogurt

1 Esslöffel Currypulver

1 Msp. Zimtpulver

1 Esslöffel gehackte frische Minze

1 Esslöffel Zitronensaft

Pfeffer

Cayennepfeffer

❶ Eiertomaten längs in knapp 1 cm breite Scheiben schneiden. Salzen und ca. 15 Minuten ziehen lassen.

❷ Öl in einer Pfanne erhitzen und Tomatenscheiben portionsweise von beiden Seiten darin braten, bis sie leicht gebräunt sind. Warm stellen.

❸ Für die Sauce Jogurt in eine große Schüssel geben und glatt rühren. Restliche Saucenzutaten zufügen, umrühren und nach Belieben abschmecken.

❹ Sauce getrennt zu den Tomaten servieren.

Für 4 Personen, pro Portion ca. 119 kcal

Kandierte Tomaten

Dieses süß-saure Tomatengemüse aus dem Backofen ist eine perfekte Beilage zu knusprig gebratenem Hähnchen – im Umluftherd wird beides gleichzeitig gar; es kann also schon während des Kochens die Küche aufgeräumt werden. Wer Besuch erwartet, weiß das zu schätzen.

800 g Fleischtomaten
2 Scheiben Weißbrot
1 Päckchen eingelegte, grüne Pfefferkörner
3 Esslöffel brauner Zucker
3 Esslöffel Weißwein-Essig
½ Teelöffel getrocknetes Basilikum
weißer Pfeffer aus der Mühle
Butter für die Form

❶ Backofen auf 200 °C vorheizen.

❷ Tomaten häuten, in Viertel schneiden und entkernen. Weißbrot entrinden und in grobe Würfel schneiden. Pfefferkörner aus der Lake nehmen und mit einem Messerrücken zerdrücken. Lake aufheben.

❸ Tomaten- und Weißbrotwürfel in einer Schüssel vermischen. Zucker, Essig, Basilikum und grünen Pfeffer einschließlich Lake zufügen. Alles gut miteinander mischen; pfeffern. Abschmecken.

❹ Eine Auflaufform gründlich buttern, Tomatenmischung einfüllen. Form auf mittlerer Schiene für ca. 30–40 Minuten in den Backofen stellen.

Für 4 Personen, pro Portion ca. 139 kcal

Gratinierte Tomaten mit Oliven und Kräutern

Gratinierte Tomaten mit schwarzen Oliven und Kräuterfüllung schmecken zwar auch solo mit Baguette sehr gut, doch in Begleitung von gebratenen Sardinen und einem Glas Pinot Bianco noch besser.

Butter für die Form
16 schwarze Oliven, entsteint
1 Bund glatte Petersilie
4 große Fleischtomaten
4 Esslöffel Öl
4 Esslöffel Paniermehl
1 Eigelb
Salz
Pfeffer
½ Teelöffel getrocknetes Basilikum

❶ Backofen auf 220 °C vorheizen. Eine Auflaufform gründlich buttern.

❷ Oliven und Petersilie hacken. Von den Tomaten einen Deckel abschneiden, das Fruchtfleisch mit einem Teelöffel vorsichtig herauslösen. Fruchtfleisch würfeln. Tomatenwürfel in eine Schüssel geben mit Öl, Oliven und Petersilie mischen. Paniermehl und Ei zufügen, alles kräftig verrühren. Mit Salz, Pfeffer und Basilikum abschmecken.

❸ Ausgehöhlte Tomaten nebeneinander in die Auflaufform setzen und mit der Tomaten-Oliven-Mischung füllen. Auf mittlerer Schiene ca. 20 Minuten im Backofen gratinieren.

Für 4 Personen, pro Portion ca. 255 kcal

Tomaten mit Tofu-Basilikumbällchen

Genau das Richtige für heiße Sommertage – eine leichte, erfrischende Vorspeise, die zudem schnell zubereitet ist.

- **150 g Tofu**
- **100 g Frischkäse**
- **2 Knoblauchzehen**
- **2 Frühlinszwiebeln**
- **10-12 Basilikumblättchen**
- **3 Esslöffel feingehackte Walnüsse**
- **700 g schnittfeste Tomaten**
- **1 Esslöffel Balsamico-Essig**
- **5 Teelöffel Olivenöl**
- **Salz**
- **frisch gemahlener Pfeffer**
- **½ Teelöffel Zucker**

❶ Tofu fein krümeln und mit Frischkäse verrühren. Knoblauch und Frühlingszwiebeln schälen und fein würfeln. Basilikum waschen, trocken tupfen, einige Blätter zum Dekorieren zur Seite legen, restliches Basilikum fein hacken. Knoblauch, Frühlingszwiebeln, Basilikum und Walnüsse mit der Tofu-Käsecreme verrühren, kurz durchziehen lassen.

❷ Tomaten waschen, Stielansätze entfernen, in Scheiben schneiden und auf einer Platte anrichten. Essig, Öl, Salz, Pfeffer und Zucker zu einer Marinade verrühren und über die Tomaten träufeln. Aus der Tofu-Käsecreme mit feuchten Händen kleine Kugeln formen, zu den Tomaten geben und mit Basilikumblättchen garnieren.

Für 4 Personen, pro Portion ca. 254 kcal

Tomaten-Risotto

1 Dose Tomatenstücke (400 g)
2 kleine Zwiebeln
2 Knoblauchzehen
2 Esslöffel Olivenöl
120 g Risottoreis (z. B. Aborio)
350 ml Tomatensaft
150 ml Gemüsebrühe
Zucker
Salz
Pfeffer
50 g Parmesan, gerieben
Petersilie

Diese Beilage aus Reis und Tomaten passt zu Fleisch- und Lebergerichten, aber auch zu Fisch. Wer es besonders würzig mag, kann die Gemüsebrühe durch trockenen Weißwein ersetzen.

❶ Tomaten abtropfen lassen. Zwiebeln und Knoblauchzehen abziehen und würfeln. Öl in einem großen Topf erhitzen, Zwiebel- und Knoblauchwürfel kurz dünsten. Risottoreis mit einem Holzlöffel unterrühren und kurz mitdünsten.

❷ Tomatensaft nach und nach in den Risotto rühren, ca. 20 Minuten auf kleiner Flamme garen. Sollte der Risotto mehr Flüssigkeit benötigen, Gemüsebrühe unterrühren.

❸ Nach Ende der Garzeit Tomatenstücke zum Risotto geben, umrühren und erwärmen lassen, mit Zucker, Salz und Pfeffer abschmecken. Tomatenrisotto vor dem Servieren mit Parmesan und Petersilie bestreuen.

Für 4 Personen, pro Portion ca. 252 kcal

Provenzalisches Tomatengemüse

Butter für die Form
2 Knoblauchzehen
8 Esslöffel Olivenöl
2 Esslöffel getrocknete Kräuter der Provence
Salz
weißer Pfeffer aus der Mühle
8 Strauchtomaten

Tomatengemüse, gewürzt mit Kräutern der Provence: Das weckt Bilder wie Sommer, Sonne, Meer und … Frankreich. Das wiederum erinnert u. a. an Kaninchen in Senfsauce – wozu »Provenzalisches Tomatengemüse« mit Weißbrot im Übrigen sehr gut passt.

❶ Backofen auf 220 °C vorheizen. Eine Auflaufform gründlich buttern. Knoblauch abziehen.

❷ Öl mit Kräutern vermengen, Knoblauch hineinpressen. Mit Salz und Pfeffer abschmecken.

❸ Tomaten dritteln, entkernen, leicht salzen. Tomatendrittel in die Auflaufform geben und mit dem Kräuteröl bedecken.

❹ Tomatengemüse auf mittlerer Schiene im Backofen 30 Minuten garen.

Für 4 Personen, pro Portion ca. 221 kcal

Gebratene grüne Tomaten mit Béchamelsauce

6 weiche grüne Tomaten (die bereits orange Stellen zeigen)
3 Eier
3–4 Esslöffel Butterschmalz
1–2 Tassen Paniermehl
Salz
Pfeffer
5 Esslöffel Butter
6 Esslöffel Mehl
½ l Milch
Muskatnuss
Flüssigwürze
1 Eigelb

Eine Hauptrolle spielten grüne Tomaten nicht nur im erfolgreichen gleichnamigen amerikanischen Kinofilm – gebraten und mit einer schmackhaften weißen Sauce sind sie auch in der Rolle dieses Gerichts Oscar-verdächtig.

❶ Grüne Tomaten in Scheiben schneiden. Eier verquirlen.

❷ Backofen auf 80 °C vorheizen. Butterschmalz in einer großen Pfanne erhitzen.

❸ Tomatenscheiben erst in verquirltem Ei, dann in Paniermehl wenden. Panierte Tomaten portionsweise vorsichtig bei mittlerer Hitze von beiden Seiten braten, bis sie goldbraun sind. Gebratene Tomaten salzen und pfeffern, auf ein mit Küchenkrepp belegtes Backblech geben und im Ofen warm halten.

❹ Für die Sauce Butter in einem Topf schmelzen und mit Mehl bestreuen. Kräftig mit einem Schneebesen umrühren und Milch schluckweise unterrühren. Mit Salz, Pfeffer, Muskat und Flüssigwürze abschmecken. Topf vom Herd nehmen und Eigelb in die nicht mehr kochende Sauce einrühren.

❺ Tomaten auf Tellern verteilen und heiße Sauce separat dazu reichen.

Für 4 Personen, pro Portion ca. 561 kcal

Auberginen-Zucchini-Röllchen mit Tomatensauce

Für dieses raffinierte Rezept werden Auberginen und Zucchini einfach mit der Brotmaschine in Scheiben geschnitten – so werden die Scheiben besonders dünn und gleichmäßig. Zu den Röllchen warmes Ciabatta-Brot und ein Glas italienischen Rotwein servieren.

2 Auberginen
2 Zucchini
200 g Mozzarella
4 Esslöffel Olivenöl
3 Esslöffel Paniermehl
1 Bund Petersilie, fein gehackt
1 Bund Basilikum, fein gehackt
2 Knoblauchzehen, fein gehackt
40 g Parmesan, frisch gerieben
Salz
frisch gemahlener Pfeffer
1 Zwiebel
1 Dose geschälte Tomaten (800 g)
4 Esslöffel Rotwein
Chilipulver

❶ Auberginen, Zucchini und Mozzarella längs in dünne Scheiben schneiden.

❷ 1 Esslöffel Olivenöl in einer Pfanne erhitzen, Paniermehl unter Rühren darin goldbraun anrösten, mit Petersilie, Basilikum, 1 Knoblauchzehe und Parmesan vermischen. 1 Esslöffel Olivenöl zugeben und die Masse mit Salz und Pfeffer abschmecken.

❸ Auberginen- und Zucchinischeiben mit der Kräuterpaste bestreichen, mit Mozzarellascheiben belegen, aufrollen und mit Holzspießen feststecken.

❹ 1 Esslöffel Olivenöl in einer Pfanne erhitzen, Röllchen darin 10 Minuten braten; warm stellen.

❺ Für die Tomatensauce Zwiebel und Knoblauchzehe abziehen, beides fein hacken. 1 Esslöffel Olivenöl in einem Topf erhitzen, Zwiebel und Knoblauch darin glasig braten. Tomaten abtropfen lassen, mit einer Gabel zerdrücken und mit Rotwein in den Topf geben. Alles aufkochen lassen. Mit Salz, Pfeffer und Chilipulver abschmecken.

❻ Auberginen- und Zucchiniröllchen auf die Tomatensauce legen, abgedeckt ca. 10 Minuten ziehen lassen. Röllchen mit Tomatensauce auf vier Tellern anrichten.

Für 4 Personen, pro Portion ca. 388 kcal

Gebackenes Kartoffelpüree mit Tomatensauce

Wie wäre es einmal mit einem leichten vegetarischen Essen aus gebackenem Kartoffelpüree mit Tomatensauce? Das macht so manchem Fleisch- oder Fischgericht geschmacklich starke Konkurrenz.

❶ Ungeschälte Kartoffeln ca. 25 Minuten kochen, bis sie weich sind. Backofen auf 220 °C vorheizen.

❷ Kartoffeln schälen, in eine Schüssel geben und mit einer Gabel zerdrücken. Parmesan, Butter, Milch und Ei zufügen, alles gut mit dem Mixer pürieren, bis eine geschmeidige Masse entstanden ist. Ist das Püree zu trocken, zusätzliche Milch einrühren. Püree mit Muskatnuss, Pfeffer und Salz abschmecken.

❸ Kartoffelpüree in vier kleine Gratinförmchen füllen und auf mittlerer Schiene im Backofen ca. 15–20 Minuten bräunen.

❹ Für die Tomatensauce Tomaten vierteln, entkernen und in kleine Würfel schneiden. Schalotten und Knoblauchzehen abziehen, würfeln.

❺ Öl in einem Topf erhitzen, Schalottenwürfel mit Knoblauch andünsten. Tomatenstücke zugeben, mit Tomaten-Ketschup, Kräutern, etwas Zucker, Salz und Pfeffer abschmecken. Tomatensauce ca. 10 Minuten köcheln. Rosmarin entfernen.

❻ Tomatensauce heiß zum Kartoffelpüree servieren.

Für 4 Personen, pro Portion ca. 379 kcal

1 kg Kartoffeln, mehlig kochend
1 Esslöffel geriebener Parmesan
60 g Butter
¼ l Milch
1 Ei
Muskatnuss
Pfeffer
Salz
600 g reife Tomaten
2 Schalotten
1 Knoblauchzehe
Öl für den Topf
1 Teelöffel Tomaten-Ketschup
½ Teelöffel getrocknete italienische Kräuter
1 kleiner Zweig Rosmarin
Zucker

Überbackene Avocados mit Tomaten-Brot-Füllung

Avocados schmecken nicht nur kalt im Salat oder als Dip für gewürzte Chips – auch heiß als Suppe oder wie hier als überbackenes Gemüse mit Tomaten zergehen sie auf der Zunge. Ihr leicht herber Geschmack vereint sich überdies hervorragend mit der säuerlichen Süße der Tomaten.

1 Dose Tomatenwürfel (400 g)
4 Schalotten
2 Scheiben Korianderbrot
1 Bund Basilikum
5 Esslöffel Keimöl
Salz
weißer Pfeffer
1 Teelöffel Balsamico-Essig
2 Avocados
Saft von 1 Zitrone
2 Esslöffel Paniermehl
1 Esslöffel Parmesan, gerieben

❶ Tomatenstücke abtropfen lassen, Schalotten abziehen und in dünne Ringe schneiden. Korianderbrot entrinden und in 1 x 1 cm große Stücke würfeln. Basilikum hacken.

❷ 2 Esslöffel Öl in einer Pfanne erhitzen, Brotwürfel darin von beiden Seiten rösten. Brotwürfel mit Fett in eine große Schüssel geben. Tomatenstücke, Zwiebelringe und Basilikum zufügen; vermischen.
Mit Salz, Pfeffer und Essig abschmecken.

❸ Backofen auf 220 °C vorheizen.

❹ Avocados der Länge nach halbieren, Kern entfernen und mit einem Esslöffel die Avocado etwas aushöhlen. Entnommenes Fruchtfleisch würfeln und wie die Avocadohälften sofort mit Zitronensaft beträufeln. Gewürfeltes Fruchtfleisch zur Brotmischung geben und unterrühren.

❺ Avocadohälften mit der Brotmischung füllen. Paniermehl und Parmesan mit restlichem Öl vermischen und über die Füllung geben.

❻ Avocados nebeneinander in eine Auflaufform setzen. Auf mittlerer Schiene ca. 20 Minuten im Backofen überbacken.

Für 4 Personen, pro Portion ca. 446 kcal

Gefüllte Tomaten mit Sultaninen-Reis

Gefüllte Tomaten mit Sultaninen-Reis und Zutaten wie Mandeln, Curry oder Zimt machen diese Tomatenbeilage passend für verschiedenste Lammgerichte.

2 Schalotten
8 Fleischtomaten
150 g Reis
2 Teelöffel Mandelstifte
50 g Sultaninen
Zimtpulver
Currypulver
Salz
Pfeffer
4 Esslöffel Tomaten-Ketschup
8 Esslöffel Sonnenblumenöl

❶ Schalotten abziehen und würfeln. Von den Tomaten einen Deckel abschneiden und Tomaten vorsichtig mit einem Teelöffel aushöhlen.

❷ Tomaten-Fruchtfleisch fein würfeln und in eine Schüssel geben. Rohen Reis, Zwiebelwürfel, Mandelstifte und Sultaninen zufügen. Alles gut vermischen; mit Zimt- und Currypulver leicht überstäuben, mit Salz und Pfeffer abschmecken. Füllung noch einmal mischen.

❸ Ausgehöhlte Tomaten nebeneinander in eine große Kasserolle setzen, mit der Reis-Tomaten-Mischung füllen. Tomaten-Ketschup mit Öl verrühren und um die Tomaten herum geben. Kasserolle seitlich mit Wasser füllen; es sollte bis zur halben Tomatenhöhe reichen.

❹ Kasserolle mit dem Deckel verschließen, Inhalt zum Kochen bringen und ca. 30 Minuten leise köcheln lassen. Gegarte Tomaten mit dem Schaumlöffel aus der Kasserolle heben.

Für 4 Personen, pro Portion ca. 404 kcal

Aufläufe und Ofengerichte

In Kombination mit Käse ist die Tomate fester Bestandteil vieler Gemüse- (Tomaten-Couscous-Auflauf, s. S. 96) oder auch Fischaufläufe (Tunfischauflauf mit Kirschtomaten, s. S. 94). Sobald der Käse zu bräunen beginnt, empfiehlt es sich, den Auflauf mit Alufolie abzudecken, damit die oberste Schicht nicht verbrennt. Die Folie kann bis zum Ende der Garzeit bleiben. Geht es um Ofenspezialitäten mit Tomaten, sind natürlich auch die Pizza (Pizza Margherita, s. S. 92), die Quiche (Tomaten-Quiche mit Rauke, s. S. 87) oder der Kuchen (Tomatenkuchen mit Zucchini, s. S. 85) mit dabei!

Tomaten-Ziegenkäse-Brotauflauf

Diese einfache kleine Mahlzeit kann zur Abwechslung auch mit mildem Schafskäse zubereitet werden. Anstelle von Walnusskernen und Basilikum kann der Auflauf auch mit Pinienkernen und frischem oder getrocknetem Thymian oder Oregano bestreut werden.

5 große Tomaten
200 g Ziegenkäse
Kräutersalz
frisch gemahlener Pfeffer
½ Baguette
7 Esslöffel Olivenöl
35 g Walnusskerne, grob gehackt
1 kleiner Bund Basilikum, fein gehackt

❶ Tomaten und Ziegenkäse in Scheiben schneiden. Tomatenscheiben mit Kräutersalz bestreuen und leicht mit Pfeffer übermahlen. Baguette schräg in 12 Scheiben schneiden.

❷ Ofen auf 200 °C vorheizen. 4 Esslöffel Olivenöl in einer Pfanne erhitzen. Baguettescheiben darin beidseitig kurz anbraten, etwas abkühlen lassen.

❸ Eine Auflaufform mit 1 Esslöffel Öl einfetten. Brot-, Tomaten- und Käsescheiben abwechselnd in die Form schichten. Restliches Olivenöl über den Auflauf träufeln. Auflauf im vorgeheizten Ofen ca. 10 Minuten backen.

❹ Kurz vor Ende der Backzeit Walnusskerne und Basilikum über den Auflauf streuen. Auflauf heiß servieren.

Für 4 Personen, pro Portion ca. 433 kcal

Gratinierte Kräuter-Tomaten mit Schafskäse

Zusammen mit toskanischem Weißbrot oder auch mit Pellkartoffeln bieten Ofentomaten mit Schafskäse eine leichte, leckere Mahlzeit.

4 Esslöffel Öl
1 kg Tomaten
Kräutersalz
frisch gemahlener Pfeffer
2 Knoblauchzehen
2 Esslöffel Basilikum, fein gehackt
2 Esslöffel Thymian, fein gehackt
2 Esslöffel Majoran, fein gehackt
250 g milder Schafskäse

❶ Ofen auf 225 °C vorheizen. Eine Auflaufform mit 1 Esslöffel Öl einfetten. Tomaten halbieren und mit der Schnittfläche nach oben in die Form setzen. Salzen und mit Pfeffer übermahlen.

❷ Knoblauchzehen abziehen, fein hacken und mit 1 Esslöffel Basilikum, je ½ Esslöffel Thymian und Majoran und restlichem Olivenöl verrühren. Schnittfläche der Tomaten mit der Kräutermischung bestreichen.

❸ Schafskäse in dünne Scheiben schneiden und über den Tomaten verteilen. Tomaten im vorgeheizten Ofen ca. 15 Minuten gratinieren. Mit restlichen Kräutern bestreut servieren.

Für 4 Personen, pro Portion ca. 285 kcal

Tomaten-Tarte mit Kräutern

Eine besondere Geschmacksnote bekommt diese Tarte, wird der Boden aus frisch gemahlenem Vollkornmehl zubereitet. Der Teig kann – zeitsparend – bereits am Tag vor der Verwendung hergestellt werden. In Klarsichtfolie eingeschlagen im Kühlschrank aufbewahren.

120 g kalte Butter
175 g Mehl
¼ Teelöffel Salz
¼ Teelöffel getrockneter Thymian
Fett für die Form
Mehl für die Arbeitsfläche

Für den Belag:
500 g große Tomaten
150 g Greyerzer Käse
Salz
frisch gemahlener Pfeffer
1 Esslöffel gehacktes frisches Basilikum
1 Esslöffel gehackter frischer Majoran
20 g Parmesan, frisch gerieben
2 Esslöffel zerlassene Butter

❶ Für den Teig Butter in Stückchen, Mehl, Salz und Thymian auf einer Arbeitsplatte mit 3–5 Esslöffel eiskaltem Wasser rasch zu einem Teig verkneten. Teig zu einer Kugel formen, mit Klarsichtfolie abdecken und 30 Minuten kalt stellen.

❷ Tomaten und Käse für den Belag in Scheiben schneiden. Tomatenscheiben salzen, auf einen Kuchendraht legen und ca. 30 Minuten abtropfen lassen.

❸ Ofen auf 200 °C vorheizen. Eine Springform von 22 cm Durchmesser einfetten. Etwa zwei Drittel des Teiges auf leicht bemehlter Arbeitsfläche in Größe der Springform ausrollen. In die Form legen. Aus restlichem Teig einen Rand formen und andrücken. Teigboden mehrmals mit einer Gabel einstechen. Teig im vorgeheizten Ofen ca. 15 Minuten backen.

❹ Käse- und Tomatenscheiben auf dem Teig verteilen. Mit Pfeffer übermahlen. Basilikum, Majoran und Parmesan darüber streuen. Tarte mit flüssiger Butter beträufeln und bei 180 °C in 20–25 Minuten fertig backen. Heiß servieren.

Für 4 Personen, pro Portion ca. 630 kcal

Tomatenkuchen mit Zucchini

Was den Tomatenkuchen in der Hauptsache von der Pizza unterscheidet, ist der mit Eiern und Kräutern verquirlte Sauerrahm, der über den Gemüsebelag gegossen wird. Wer unter das Gemüse eine Lage Tomatensauce gibt und oben drüber Oregano, Reibkäse und etwas Olivenöl, zaubert so eine vegetarische Pizza.

Fett für das Blech
10 g Hefe
250 g Mehl
70 g flüssige Butter
Salz
500 g Strauchtomaten
500 g Zucchini
Mehl für die Arbeitsfläche
100 g Greyerzer Käse, gerieben
100 g Sauerrahm
2 Eier
1 Esslöffel getrocknete Kräuter der Provence

❶ Backofen auf 220 °C vorheizen; Backblech einfetten.

❷ Hefe in 150 ml lauwarmes Wasser zerbröckeln und gut verrühren. Mehl in eine Schüssel sieben, Hefe mit Wasser, flüssige Butter und etwas Salz zufügen. Teig glatt rühren, Schüssel mit einem Küchentuch abdecken. Hefeteig an einem warmen Ort ca. 15 Minuten gehen lassen.

❸ Tomaten halbieren, entkernen und in Scheiben schneiden. Zucchini putzen; ebenfalls in Scheiben schneiden.

❹ Hefeteig auf einer bemehlten Arbeitsfläche etwas ausrollen und auf das Backblech geben. Teig andrücken, passend ziehen und einen Rand formen. Teigboden mit einer Gabel einstechen.

❺ Teigboden bunt mit Tomaten- und Zucchinischeiben belegen. Salzen und mit geriebenem Käse bestreuen.

❻ Sauerrahm glatt rühren und mit Eiern und Kräutern verquirlen. Masse auf dem Gemüse verteilen. Tomatenkuchen in die unterste Leiste des Backofens schieben und ca. 30–40 Minuten backen. Heiß servieren.

Für 4 Personen, pro Portion ca. 649 kcal

Tomaten-Quiche mit Rauke

Der Boden dieser mit Tomaten, Zwiebeln, Rauke, Salami und Schinken belegten Quiche wird aus einem Hefeteig hergestellt. Für das Gelingen des Teiges müssen alle Zutaten lau- bzw. zimmerwarm sein – auch das Ei. Also: Alles frühzeitig aus den Kühlschrank nehmen.

350 g Mehl
½ Würfel frische Hefe
½ Teelöffel Zucker
150 ml Milch, lauwarm
200 g Butter
Salz
1 Ei
Butter für die Form
2 rote Zwiebeln
3 Fleischtomaten
½ Bund Rauke
50 g Salami
50 g gekochter Schinken
100 g Sauerrahm
100 g Quark
2 Eigelb
Pfeffer

❶ Für den Teig Mehl in eine Schüssel sieben, in die Mitte eine Vertiefung drücken. Hefe hineinbröckeln, mit Zucker bestreuen und mit lauwarmer Milch begießen. Umrühren und mit Mehl vom Rand leicht bedecken. Vorteig ca. 10 Minuten an einem warmen Ort gehen lassen.

❷ 100 g zimmerwarme Butter, ½ Teelöffel Salz und das Ei mit den Knethaken des Handrührgeräts in den Teig einarbeiten. Teigkloß mit Mehl bestäuben, Schüssel mit einem Geschirrtuch abdecken und an einem warmen Ort gehen lassen. Der Teig kann weiterverarbeitet werden, wenn er sich verdoppelt hat. Aufgegangenen Teig nochmals kräftig kneten. Eine Quicheform gründlich buttern.

❸ Teig ca. 1 cm dick auf der Quicheform ausrollen und mit einer Gabel mehrmals einstechen. Mit 60 g geschmolzener Butter begießen. Bei knapp 50 °C ca. 20–30 Minuten im Backofen gehen lassen. Im Anschluss Backofen auf 200 °C vorheizen.

❹ Zwiebeln abziehen und in Ringe teilen. Tomaten vierteln, entkernen und in grobe Würfel schneiden. Rauke in mundgerechte Stücke zupfen, Salami und Kochschinken in Streifen schneiden.

❺ Sauerrahm mit Quark in einer Schüssel glattrühren, mit dem Eigelb verquirlen. Mit Salz und Pfeffer abschmecken. Sauerrahmmasse auf der Mitte des Hefeteiges verteilen.

❻ Restliche Butter in einer Pfanne erhitzen, Zwiebelringe glasig dünsten; herausnehmen. Tomaten im gleichen Fett kurz anbraten und mit Salz und Pfeffer abschmecken; herausnehmen. Zwiebelringe und Tomatenstücke rund um die Sauerrahmmasse anordnen, mit Salami- und Schinkenstreifen belegen, mit Rauke garnieren. Quiche ca. 30 Minuten im Ofen backen. Heiß oder kalt servieren.

Für 4 Personen, pro Portion ca. 998 kcal

Tomatentorte

Aber bitte, nicht mit Sahne – gegen einen Klecks Sauerrahm ist jedoch nichts einzuwenden. Er verfeinert jedes Tomatentortenstück, egal ob es heiß oder kalt serviert wird.

Butter für die Form
125 g Mehl
Salz
125 g feine Haferflocken
125 g Butter
1 Eigelb
Mehl für die Arbeitsfläche
125 g Frühstücksspeck
1 grüne Paprikaschote
3 Strauchtomaten
125 g Parmesan am Stück
250 g Sauerrahm
3 Eier
2 Esslöffel Instant-Flocken zum Binden
Cayennepfeffer
1 Handvoll Basilikumblätter

❶ Backofen auf 190 °C vorheizen; eine Springform (26 cm Durchmesser) gründlich buttern.

❷ Mehl, etwas Salz, Haferflocken, Butter und Eigelb mit 5–6 Esslöffel Wasser verkneten. Teig auf einer bemehlten Arbeitsfläche leicht ausrollen und in die Springform geben. Boden und Rand der Form auskleiden. Tortenboden auf unterster Einschubleiste ca. 15 Minuten backen.

❸ Frühstücksspeck in feine Streifen schneiden, Paprikaschote putzen und klein würfeln. Tomaten vierteln, entkernen, nochmals halbieren. Parmesan grob hobeln. Vorbereitete Zutaten auf dem Tortenboden gleichmäßig verteilen.

❹ Sauerrahm glatt rühren, mit Eiern und Instant-Flocken verschlagen und mit Salz und Cayennepfeffer abschmecken. Basilikum unterrühren und Sauerrahmmasse über den Kuchen geben. Tomatentorte in 30–40 Minuten im Ofen fertig backen. Heiß oder kalt servieren.

Für 4 Personen, pro Portion ca. 1052 kcal

Kleine Kräuterkuchen mit Tomatensauce

Das Geheimnis dieser schmackhaften Kräuterküchlein liegt im Teig. Er wird aus gekochten Kartoffeln, Butter, Eiern, Gewürzen und Kräutern hergestellt. Und das Schöne daran: Den raffinierten Küchlein sieht man die einfache Zubereitung gar nicht an.

250 g Kartoffeln, mehlig kochend
60 g Butter
120 g Haferflocken
3 Eier
Salz
Pfeffer
4 Esslöffel getrocknete italienische Kräuter
Butter für das Blech
1 Dose Tomatenstücke (400 g)
250 ml Tomatensaft
1 Knoblauchzehe
1 Zwiebel
1 Handvoll Basilikumblätter, gehackt

❶ Kartoffeln in der Schale ca. 25 Minuten kochen. Gekochte Kartoffeln schälen und mit der Gabel zu einem Püree zerdrücken.

❷ 200 ml Wasser mit der Butter in einem Topf erhitzen; von der Kochstelle nehmen. Nach und nach Haferflocken und Eier unterrühren. Erneut unter Rühren erhitzen, bis sich die Masse gut vom Topfrand löst.
Mit dem Kartoffelpüree vermischen, mit Salz, Pfeffer und Kräutern abschmecken. Teig in den Kühlschrank stellen und ruhen lassen.

❸ Backofen auf 200 °C vorheizen; ein Backblech gründlich buttern.

❹ Für die Tomatensauce Tomatenstücke und Tomatensaft in einem Topf erhitzen; ca. 20 Minuten ohne Deckel einkochen lassen. Knoblauchzehe und Zwiebel abziehen, fein würfeln und zur Tomatensauce geben. Basilikum zufügen, mit Salz und Pfeffer nach Belieben abschmecken. Sauce abkühlen lassen.

❺ Aus dem Teig ca. 18 Küchlein formen und auf das Backblech setzen. Auf mittlerer Schiene ca. 15 Minuten backen, bis die kleinen Kuchen goldbraun sind. Heiß mit kalter Tomatensauce servieren.

Für 4 Personen, pro Portion ca. 372 kcal

Tomaten-Hackfleisch-Kuchen

Durch die Kombination aus Hackfleisch und Käse entsteht ein besonders eiweißreiches Gericht, das am besten mit einer frischen Salatplatte und Weißbrot serviert wird. Tomaten-Hackfleisch-Kuchen schmeckt warm oder kalt.

3 kleine Zwiebeln
1 Teelöffel Kapern
500 g Hackfleisch
1 Teelöffel Tomatenmark
½ Teelöffel getrockneter Oregano
Salz
frisch gemahlener Pfeffer
Paprikapulver
1 Ei
2 Esslöffel Paniermehl
Fett für die Form
750 g große Tomaten
1 Bund Basilikum
250 g kleine Mozzarella-Kugeln
250 g Emmentaler, gerieben

❶ Ofen auf 220 °C vorheizen. Zwiebeln abziehen und wie die Kapern fein hacken. Hackfleisch mit Zwiebeln, Kapern, Tomatenmark, Gewürzen, Ei und Paniermehl zu einem Teig verkneten. Eine Tarteform von 26 cm Durchmesser einfetten, Hackfleischteig einfüllen und glatt streichen.

❷ Tomaten halbieren und aushöhlen. Je ein Basilikumblatt und eine abgetropfte Mozzarella-Kugel in die Tomatenhälften füllen. Mit der Schnittfläche nach unten kreisförmig auf dem Springformrand verteilen, leicht in den Teig drücken und mit Salz und Pfeffer abschmecken.

❸ Hackfleisch-Kuchen mit geraspeltem Käse bestreuen und im vorgeheizten Ofen auf zweiter Schiene von unten ca. 30 Minuten backen. Heiß oder kalt servieren.

Für 4 Personen, pro Portion ca. 740 kcal

Nudelpastete mit Basilikum-Tomatensauce

Die Pastete sieht besonders dekorativ aus, wenn sie aus weißen und grünen Nudelblättern zubereitet wird. Weiße und grüne Nudelblätter abwechselnd einschichten.

300 g Lasagne-Blätter
250 g Mozzarella
150 g gekochter Schinken
1 Zwiebel
1 Knoblauchzehe
1 Esslöffel Olivenöl
150 g Tomatenmark
30 g Mehl
¾ l Fleischbrühe
1 Prise Zucker
Salz
frisch gemahlener Pfeffer
1 Bund Basilikum
300 g Spiralnudeln
40 g Parmesan, frisch gerieben
30 g Butter
1 Eigelb

❶ Lasagne-Blätter 45–60 Minuten mit kaltem Wasser bedeckt einweichen. Mozzarella abtropfen lassen und würfeln, Schinken in Streifen schneiden.

❷ Für die Sauce Zwiebel und Knoblauchzehe abziehen, Zwiebel fein hacken, Knoblauch zerdrücken. Olivenöl in einem Topf erhitzen, Zwiebel und Knoblauch darin glasig braten. Tomatenmark einrühren und kurz anschwitzen. Mehl darüber stäuben, ebenfalls kurz anschwitzen. Mit Fleischbrühe ablöschen. Sauce zum Kochen bringen, dann bei schwacher Hitze 5 Minuten köcheln lassen.

❸ Sauce durch ein Haarsieb streichen und mit Zucker, Salz und Pfeffer pikant abschmecken. Basilikum fein hacken und unter die Sauce rühren. Halbe Menge der Sauce für die Pastetenfüllung verwenden, den Rest warm stellen.

❹ Eine Pastetenform mit zwei Dritteln der abgetropften Lasagne-Blätter auslegen, restliche Nudelplatten beiseite stellen. Ofen auf 160 °C vorheizen. Pastete lagenweise mit Spiralnudeln, Mozzarella, Schinken und Parmesan füllen. Auf jede Schicht etwas Tomatensauce verteilen. Abschließend Füllung etwas andrücken, mit Butterflöckchen belegen und restliche Lasagne-Blätter als Deckel auf die Pastete legen. Nudeldeckel mit Eigelb bestreichen.

❺ Pastete im vorgeheizten Ofen ca. 45 Minuten backen. 10 Minuten in der Form ruhen lassen, dann in Scheiben schneiden. Mit restlicher Tomatensauce servieren.

Für 5 Personen, pro Portion ca. 800 kcal

Pizza Margherita

Diese klassische Pizza wurde zu Ehren der Königin Margherita kreiert, belegt in den Trikolore-Farben der italienischen Flagge mit grünem Basilikum, weißem Mozzarella und roten Tomaten.

20 g Hefe
300 g Mehl
1 Prise Salz
Olivenöl für das Blech
2 Esslöffel Olivenöl
Mehl für die Arbeitsfläche

Für den Belag:
500 g frische Tomaten
250 g Mozzarella
1 kleiner Bund Basilikum
Salz
gemahlener weißer Pfeffer
6 Esslöffel Olivenöl

❶ Für den Teig zimmerwarme Hefe in eine Tasse bröckeln, mit 2 Esslöffel lauwarmem Wasser verrühren. Mehl in eine weite Schüssel sieben, Salz zugeben, in die Mitte eine Vertiefung drücken. Hefelösung hineingießen, mit etwas Mehl verrühren. Vorteig abgedeckt an einem warmen Ort gehen lassen, bis er sich verdoppelt hat.

❷ Etwa ⅛ l lauwarmes Wasser zum aufgegangenen Vorteig geben und rasch mit den Händen oder den Knethaken des Mixers zu einem Hefeteig verarbeiten. Teig so lange kräftig durchkneten, bis er von glatter und geschmeidiger Konsistenz ist. Zu einer Kugel formen und abgedeckt an einem warmen Ort gehen lassen, bis er zur doppelten Höhe aufgegangen ist.

❸ Ofen auf 220 °C vorheizen. Ein Blech mit Olivenöl einstreichen. Teig kurz kräftig durchkneten, dabei Olivenöl einarbeiten. Auf leicht bemehlter Arbeitsfläche zu einem Fladen ausrollen und einen etwas dickeren Rand formen. Teigfladen auf das Blech legen.

❹ Für den Belag Tomaten schälen, vierteln und entkernen. Tomatenviertel in Streifen schneiden und gleichmäßig auf dem Teig verteilen. Mit in dünne Scheiben geschnittenem Mozzarella und Basilikumblättchen belegen. Belag salzen und pfeffern und mit Olivenöl beträufeln. Pizza im vorgeheizten Ofen auf der untersten Schiene ca. 30 Minuten backen.

Für 4 Personen, pro Portion ca. 574 kcal

Tunfischauflauf mit Kirschtomaten

400 g Fleischtomaten
½ Bund Petersilie
1 Handvoll Basilikumblätter
2 Schalotten
2 Knoblauchzehen
4 Esslöffel Sonnenblumenöl
Salz
Pfeffer
3 kleine Auberginen
120 g Kirschtomaten
Öl für die Form
150 g Tunfisch, natur, ohne Öl
3 Esslöffel Haferflocken
60 g Parmesan
1 Teelöffel Zitronensaft
1 Ei

Ein mediterranes Gericht für Fischliebhaber: Mit Tomaten, Kräutern und Tunfisch gefüllte Auberginen werden mit Parmesan überbacken. Als Getränk eignet sich dazu Weißwein, zum Beispiel ein Orvieto.

❶ Tomaten vierteln, entkernen und würfeln. Petersilie und Basilikum hacken. Schalotten und Knoblauch abziehen, fein würfeln. 2 Esslöffel Öl in einer Pfanne erhitzen. Schalotten und Knoblauch andünsten, Tomatenstücke und Kräuter zufügen. Mit Salz und Pfeffer abschmecken. Mit 3 Esslöffel Wasser begießen und ca. 30 Minuten auf kleiner Flamme köcheln lassen. Ab und zu umrühren.

❷ Auberginen vom Stielansatz befreien und längs halbieren. Mit einem Esslöffel vorsichtig aushöhlen, Fruchtfleisch würfeln und salzen. Ausgehöhlte Auberginen leicht mit Salz bestreuen. Kirschtomaten in Scheiben schneiden.

❸ Backofen auf 200 °C vorheizen; eine große Auflaufform gründlich ölen.

❹ Tunfisch abtropfen lassen und mit einer Gabel zerpflücken. 2 Esslöffel Öl in einer weiteren Pfanne erhitzen. Tunfisch kurz anbraten, Tomatenmasse zugeben, mischen und mit Pfeffer und Salz abschmecken.

❺ Auberginenhälften und -würfel mit Küchenkrepp trocken tupfen. Hälften mit 1 ½ Esslöffel Haferflocken bestreuen, mit Auberginenwürfeln und Tunfisch-Tomaten-Gemisch füllen. Die Hälfte des Parmesans über die Füllungen verteilen. Mit Kirschtomaten bedecken.

❻ Gefüllte Auberginen in die Auflaufform setzen. Restliche Haferflocken und Parmesan mischen, mit Zitronensaft und Ei gut verrühren. Mit Salz und Pfeffer abschmecken und auf die Auberginen verteilen. Auflaufform auf mittlere Einschubhöhe geben und Auberginen in ca. 45 Minuten überbacken.

Für 3 Personen, pro Portion ca. 448 kcal

Tomaten-Gouda-Auflauf

Hier kann der Käse gewählt werden: Anstelle von Gouda bietet sich für diesen Tomaten-Auflauf auch Greyerzer Käse oder Schweizer Emmentaler an, der Parmesan kann durch Pecorino ersetzt werden.

❶ Backofen auf 220 °C vorheizen. Eine Auflaufform gründlich buttern. Gouda und Parmesan reiben. Tomaten häuten und in Scheiben schneiden.

❷ Sauerrahm in einer Schüssel glatt rühren, mit dem geriebenen Käse vermengen. Mit Salz und Pfeffer abschmecken.

❸ Den Boden der Auflaufform mit Tomatenscheiben belegen; salzen und pfeffern. Darauf eine Schicht Sauerrahm-Mischung geben. In gleicher Reihenfolge weiter einschichten, mit der Sauerrahm-Mischung enden.

❹ Auflauf auf mittlerer Schiene im Backofen ca. 20–30 Minuten überbacken.

Für 4 Personen, pro Portion ca. 395 kcal

Butter für die Form
100 g alter Gouda
50 g Parmesan
800 g Fleischtomaten
200 ml Sauerrahm
Salz
Pfeffer

Tomatenauflauf mit Sahnequark

Besonders cremig wird dieser Auflauf durch den Sahnequark und herzhaft würzig durch Bergkäse und Parmesan. Dazu schmeckt geröstetes Weißbrot, beträufelt mit Knoblauchöl.

❶ Bergkäse reiben, Eiweiß steif schlagen. Eine Auflaufform gründlich buttern. Tomaten, vierteln, entkernen.

❷ Backofen auf 220 °C vorheizen. Sahnequark in einer Schüssel glatt rühren, mit Eigelb kräftig vermengen. Geriebenen Bergkäse unterrühren, mit Muskat, Salz und Pfeffer abschmecken. Steif geschlagenes Eiweiß vorsichtig unter den Quark rühren.

❸ Quarkmasse in die Auflaufform füllen und glatt streichen. Tomatenviertel hineindrücken, mit Salz und Pfeffer abschmecken und mit Basilikum und Parmesan bestreuen.

❹ Tomatenauflauf auf mittlerer Schiene für ca. 30 Minuten in den Backofen geben.

Für 4 Personen, pro Portion ca. 458 kcal

100 g Bergkäse
4 Eiweiß
Butter für die Form
10 Strauchtomaten
500 g Sahnequark
4 Eigelb
1 Msp. Muskatnuss
Salz
weißer Pfeffer aus der Mühle
1 Esslöffel Basilikum, gehackt
50 g Parmesan, gerieben

Tomaten-Couscous-Auflauf

Couscous-Gerichte sind vor allem in Nordafrika beliebt, zum Beispiel in Tunesien. Serviert wird das Getreide u. a. mit Gemüse und Geflügel. Hierzulande kann Couscous in gut sortierten Lebensmittelgeschäften, Bioläden oder Reformhäusern gekauft werden.

250 g Couscous
Butter für die Form
4 große Fleischtomaten
2 Esslöffel Öl
1 Esslöffel Petersilie, gehackt
1 Lorbeerblatt
Salz
Pfeffer
100 g Emmentaler Käse, gerieben

❶ Couscous in eine Schüssel geben und mit wenig heißem Wasser begießen – das Getreide sollte mit Wasser getränkt sein, aber nicht in Wasser stehen. Couscous mit einem großen Deckel oder Alufolie abdecken und einige Minuten ziehen lassen.

❷ Backofen auf 220 °C vorheizen; eine Auflaufform gründlich buttern.

❸ Tomaten vierteln, entkernen und grob würfeln. Öl in einer großen Pfanne erhitzen, Tomatenstücke, Petersilie und Lorbeerblatt zugeben; kräftig mit Salz und Pfeffer abschmecken. In ca. 30 Minuten abgedeckt und auf kleiner Flamme zu einer dicken Tomatensauce zerkochen lassen. Ab und zu umrühren.

❹ Auflaufform mit einer Lage Couscous ausfüllen, darüber Tomatenpüree geben. Es folgt eine Lage geriebener Käse, eine Lage Couscous und zuletzt eine Lage Tomatenpüree, bedeckt mit geriebenem Käse. Auflaufform für ca. 20 Minuten in den Backofen geben.

Für 4 Personen, pro Portion ca. 179 kcal

Tomaten-Mozzarella-Gratin

Ein leichtes, leckeres Gratin, das problemlos auch für mehrere »Esser« zuzubereiten ist: Einfach ein tiefes Backblech einfetten und Tomaten- und Mozzarellascheiben dachziegelartig reihenweise anordnen. Dazu Baguette und gemischten Salat reichen.

2 Packungen Mozzarella (à 200 g)
800 g Strauchtomaten
1 Knoblauchzehe
½ Bund Basilikum
½ Bund glatte Petersilie
3 Scheiben Knäckebrot
60 g Kräuterbutter
Butter für die Form
Salz
Pfeffer
½ Teelöffel getrocknete italienische Kräuter

❶ Mozzarella abtropfen lassen und mit den Tomaten in Scheiben schneiden. Knoblauchzehe abziehen, fein würfeln. Basilikum und Petersilie grob hacken.

❷ Knäckebrot in kleine Stücke brechen, diese mit einem Mixstab zu Krumen verarbeiten. Mit zimmerwarmer Kräuterbutter verkneten.

❸ Backofen auf 200 °C vorheizen; eine Auflaufform gründlich buttern.

❹ Eine Schicht Tomatenscheiben dachziegelartig in die Auflaufform geben, mit Salz, Pfeffer, Knoblauch und Kräutern abschmecken. Es folgt eine Schicht Mozzarellascheiben; salzen und pfeffern. Weiter fortfahren, bis Tomaten und Mozzarella verbraucht sind, mit einer Lage Mozzarella enden. Oberfläche des Gratins mit der Brösel-Kräuterbutter-Mischung bestreichen.

❺ Gratin ca. 15 Minuten in den Ofen geben.

Für 4 Personen, pro Portion ca. 449 kcal

Gefüllte Tomaten mit Zwiebeln

Die Zwiebel gilt als die Königin unter den Gemüsesorten. Zusammen mit Tomaten, Knoblauch, Kapern und Oliven bildet sie bei diesem Gericht einen wahrlich köstlichen Hofstaat.

300 g Zwiebeln
5 Esslöffel Öl
70 g Haferflocken
2 Knoblauchzehen
20 g Kapern
50 g grüne Oliven mit Paprikafüllung
Oregano
Salz
Pfeffer
Butter für die Form
800 g Strauchtomaten

❶ Zwiebeln abziehen und fein würfeln. Öl in einer Pfanne erhitzen, Zwiebeln darin dünsten. Haferflocken zugeben und vermischen. Zwiebelgemüse warm stellen.

❷ Knoblauchzehen abziehen, zusammen mit Kapern und Oliven hacken. Unter die Zwiebelmasse rühren, mit Oregano, Salz und Pfeffer abschmecken.

❸ Backofen auf 220 °C vorheizen; eine große Auflaufform gründlich buttern.

❹ Von den Tomaten einen flachen Deckel abschneiden, Tomaten mit einem Teelöffel vorsichtig aushöhlen. Ausgehöhlte Früchte leicht salzen; ca. 10 Minuten ziehen lassen. Tomaten mit Zwiebelgemüse füllen, die Füllung kann dabei über die Tomaten herausragen, Deckel wieder aufsetzen. Gefüllte Tomaten nebeneinander in die Auflaufform setzen und auf mittlerer Einschubleiste ca. 30 Minuten im Backofen garen.

Für 4 Personen, pro Portion ca. 269 kcal

Fisch und Fleisch

Auch für ein festliches Menü oder ein gepflegtes Essen zu zweit hält die Tomate so manche Möglichkeit bereit: Riesengarnelenspieße auf Tomatengemüse (s. S. 115), Zander mit Kapern-Tomaten-Sugo (s. S. 102) oder Kasseler im Tomaten-Apfel-Bett (s. S. 122) sind nur einige Beispiele. Und dass so etwas Feines nicht unbedingt viel Zubereitungszeit in Anspruch nimmt, wird derjenige merken, der sich z. B. für die Riesengarnelenspieße entschieden hat.

Tintenfischringe mit Tomatencreme

Tintenfischringe in einer Tomatencreme – mit Weißwein verfeinert – schmecken richtig griechisch.

800 g Tintenfischringe, tiefgefroren
Saft von 1 Zitrone
½ Bund Kerbel
5 Fleischtomaten
¼ l Weißwein
2 Esslöffel Öl
Salz
Zitronenpfeffer
1 Esslöffel Crème fraîche

❶ Tintenfischringe auftauen lassen, abspülen und mit Küchenkrepp trockentupfen. Mit Zitronensaft beträufeln. Kerbel hacken.

❷ Tomaten häuten, vierteln und entkernen. Tomatenviertel in feine Würfel teilen und mit Weißwein in den Mixer geben. Auf höchster Stufe pürieren.

❸ Öl in einer Pfanne erhitzen, Tintenfischringe braten und mit Salz und Pfeffer abschmecken, anschließend aus der Pfanne nehmen. Tomatenpüree und Crème fraîche in die Pfanne geben, aufkochen lassen und mit Salz und Pfeffer abschmecken. Tintenfischringe zusammen mit der Tomatencreme anrichten und kurz vor dem Servieren mit Kerbel bestreuen.

Für 4 Personen, pro Portion ca. 321 kcal

Zander mit Kapern-Tomaten-Sugo

Auch wenn Kapern geschmacklich gut zur Tomatensauce und zum Fisch passen, schmeckt Zander auch nur mit zerlassener Butter ausgezeichnet.

800 g Strauchtomaten
1 Knoblauchzehe
1 Esslöffel Kapern
1 Bund glatte Petersilie
7 Esslöffel Öl
1 Lorbeerblatt
800 g Zanderfilet
Salz
Pfeffer

❶ Tomaten häuten, vierteln und entkernen. Tomatenviertel in Würfel teilen. Knoblauchzehe abziehen, Kapern und Petersilie fein hacken.

❷ 4 Esslöffel Öl in eine große Schüssel geben und mit der Petersilie verrühren. Lorbeerblatt und Fisch zufügen. Zander mit der Marinade vollständig bedecken. Schüssel mit Alufolie abdecken und für ca. 1 ½ Stunden in den Kühlschrank stellen.

❸ Restliches Öl in einer großen Pfanne erhitzen. Kapern zugeben, Knoblauch hineinpressen und Tomatenstücke untermischen. Sugo mit Salz und Pfeffer abschmecken und auf kleiner Flamme einkochen lassen.

❹ Eine beschichtete Pfanne erhitzen, Zander samt Marinade – aber ohne Lorbeerblatt – hineingeben. Fisch salzen und auf beiden Seiten ca. 5–7 Minuten braten.

❺ Zanderfilet auf vier Teller verteilen und mit Pfeffer übermahlen.

Für 4 Personen, pro Portion ca. 384 kcal

Rotbarschfilet mit Tomaten und Kräuter-Kruste

750 g kleine, reife Tomaten
800 g Rotbarschfilet
Salz
Fett für die Form
5 Teelöffel Pesto (italienische Basilikumpaste)
frisch gemahlener Pfeffer

Für die Kräuter-Kruste:
1 Zwiebel
2 Knoblauchzehen
30 g Butterschmalz
1 Bund glatte Petersilie, fein gehackt
½ Bund Thymian, fein gehackt
½ Bund Basilikum, fein gehackt
1 Teelöffel gehackter Rosmarin
30 g Paniermehl
2 Teelöffel Kapern
1 Esslöffel Senf
2 Esslöffel Olivenöl
Salz
frisch gemahlener Pfeffer

Dieses pikante Fischgericht kann auch mit »hausgemachter« Basilikumpaste zubereitet werden: Blättchen von 1 großen Bund Basilikum mit 2 Esslöffel Pinienkernen, 3 Knoblauchzehen und 1 Prise Salz im Mörser zerreiben. ⅛ l Olivenöl und 50 g geriebenen Parmesan unterrühren. In einem Schraubglas kühl aufbewahren.

❶ Ofen auf 200 °C vorheizen. Für die Kräuter-Kruste Zwiebel und Knoblauchzehen abziehen und fein hacken. Butterschmalz erhitzen, Zwiebel und Knoblauch darin glasig braten. Vom Feuer nehmen und Kräuter, Paniermehl, Kapern, Senf und Olivenöl untermischen. Mit Salz und Pfeffer abschmecken.

❷ Tomaten in Scheiben schneiden. Fischfilet waschen, trockentupfen, salzen und in portionsgerechte Stücke schneiden.

❸ Eine feuerfeste Form einfetten und Fischstücke einlegen. Dünn mit Pesto bestreichen und mit Tomatenscheiben belegen, salzen und mit Pfeffer übermahlen. Kräutermischung auf die Tomatenscheiben streichen.

❹ Fischfilet mit Tomaten und Kräuter-Kruste im vorgeheizten Ofen auf der zweiten Schiene von unten ca. 25 Minuten garen.

Für 4 Personen, pro Portion ca. 438 kcal

Seezunge mit Lauch-Tomaten-Gemüse

Lauch-Tomaten-Gemüse schmeckt einfach zu jedem Fisch: Seelachsfilet, Kabeljaufilet, Lachsfilet, ja sogar zu Fischstäbchen. Wem es also zu aufwendig ist, ganze Seezungen zuzubereiten, der hat genügend Möglichkeiten, unter anderen Fischen zu wählen.

500 g Fleischtomaten
2 rote Zwiebeln
2 kleine Stangen Lauch
2 Esslöffel Öl
Salz
Pfeffer
1 Handvoll Basilikumblätter
1 kg Seezunge
30 g Butterschmalz

❶ Tomaten häuten, vierteln und entkernen. Tomatenviertel in kleine Würfel schneiden. Zwiebeln und Lauch abziehen und in schmale Ringe schneiden.

❷ Öl in einem Topf erhitzen, Zwiebel- und Lauchringe andünsten. Tomatenstücke zugeben, mit Salz und Pfeffer abschmecken. Lauch-Tomaten-Gemüse ca. 10 Minuten bei kleiner Hitze garen. Basilikum unterrühren, Gemüse warm stellen.

❸ Ausgenommene Seezungen häuten, die Köpfe schräg abschneiden, Flossen mit einer Schere leicht kürzen. Butterschmalz in einer großen Pfanne erhitzen, Seezungen portionsweise von beiden Seiten goldbraun braten. Salzen und pfeffern.

❹ Fische auf eine Servierplatte geben und mit Lauch-Tomaten-Gemüse anrichten.

Für 4 Personen, pro Portion ca. 377 kcal

Kabeljau auf Tomaten-Estragon-Sauce mit Erbsen

Dieses eiweißreiche, fettarme Gericht kann auch mit Seelachs- oder Rotbarschfilet zubereitet werden. Als Beilage schmeckt körnig gekochter Langkornreis und ein trockener Weißwein.

600 g Kabeljaufilet
Kräutersalz
frisch gemahlener Pfeffer
4 kleine Tomaten
1 große Schalotte
1 Esslöffel Butter
1 kleiner Bund Dill, geschnitten
100 ml trockener Weißwein
200 ml Tomatensauce (s. S. 126 oder Fertigprodukt)
1 kleiner Bund Estragon, fein geschnitten
1 Esslöffel kalte Butterstückchen
500 g Erbsen
Salz

❶ Backofen auf 80 °C vorheizen. Kabeljaufilet abspülen, trockentupfen, in Portionsstücke schneiden und mit Kräutersalz und Pfeffer abschmecken. Tomaten vierteln, entkernen und in Streifen schneiden. Schalotte abziehen und fein hacken.

❷ Eine beschichtete Pfanne mit Butter einstreichen. Dill und Schalotte einstreuen, mit Weißwein aufgießen. Fischportionen einlegen und zugedeckt bei schwacher Hitze langsam gar dämpfen. Im Ofen warm stellen.

❸ Fischsud durch ein Haarsieb in einen kleinen Topf passieren, fast vollständig einkochen lassen. Tomatensauce zugeben und aufkochen. Tomatenstreifen und Estragon unterrühren, mit Kräutersalz und Pfeffer abschmecken. Butter stückchenweise einrühren.

❹ Erbsen in kochendem Salzwasser überbrühen, abgießen und abtropfen lassen.

❺ Tomatensauce auf vier vorgewärmte Teller verteilen. Erbsen und Fischfilet dazu anrichten.

Für 4 Personen, pro Portion ca. 320 kcal

Meerwolf auf weißer Tomatenbutter

Meerwolf, auch Steinbeißer, Seewolf, Klippfisch oder Wolfsfisch genannt, ist ein nordatlantischer Seefisch mit mächtigem Gebiss. Er wird 2 m lang und hat ein fettes, sehr wohlschmeckendes Fleisch.

200 g Zuckerschoten
200 g Kürbis
50 g getrocknete Tomaten
600 g Filets vom Meerwolf, mit Haut
Salz
Pfeffer
1 Knoblauchzehe
1 Schalotte
2 Esslöffel Olivenöl
1 Zweig Rosmarin
50 ml Gemüsebrühe
1 Teelöffel gehacktes frisches Bohnenkraut

Für die Tomatenbutter:
500 g überreife Tomaten
1 Knoblauchzehe
100 ml Gemüsebrühe
etwas Balsamico-Essig
25 g kalte Butterstückchen
2 Esslöffel geschlagene Sahne
Kräutersalz
frisch gemahlener Pfeffer
1 kleiner Bund Basilikum, in Streifen geschnitten

❶ Für die Tomatenbutter Tomaten vom Stielansatz befreien und halbieren. Knoblauchzehe abziehen und zerdrücken. Tomaten und Knoblauch mit Gemüsebrühe im Mixer pürieren.

❷ Pürierte Tomaten in einen Topf füllen, zum Kochen bringen und anschließend durch ein sauberes Tuch passieren. Flüssigkeit auf 100 ml einkochen lassen.

❸ Zuckerschoten in Rauten schneiden und im Wasserdampf bissfest garen. Kürbis schälen, in feine Würfel schneiden, getrocknete Tomaten klein würfeln.

❹ Meerwolffilets salzen und pfeffern. Knoblauchzehe und Schalotte abziehen, beides fein würfeln. Olivenöl in einer Pfanne erhitzen, Zwiebel, Knoblauch und Rosmarin zugeben und kurz anbraten. Filets einlegen und unter Wenden braten. Kurz bevor sie durchgebraten sind, aus der Pfanne nehmen und beiseite stellen.

❺ Kürbis und getrocknete Tomaten im verbliebenen Fett kurz anbraten. Mit Gemüsebrühe aufgießen, Zuckerschoten zugeben, mit Bohnenkraut, Salz und Pfeffer abschmecken. Fischfilets wieder in die Pfanne geben und gar ziehen lassen.

❻ Eingekochten Tomatenfond mit Balsamico-Essig vorsichtig abschmecken. Kalte Butterstückchen unter Rühren zugeben. Geschlagene Sahne unterheben. Tomatenbutter mit Salz und Pfeffer abschmecken; Basilikum unterziehen. Aus Tomatenbutter auf vier vorgewärmten Tellern einen Spiegel gießen. Gemüse und Fischfilets dazu anrichten.

Für 4 Personen, pro Portion ca. 400 kcal

Dorschfilets auf Tomatenragout mit Safran-Spaghettini

Der Safran, ein Blütengewürz aus den Mittelmeerländern, macht dieses Gericht besonders schmackhaft und wertvoll. So eignet es sich gut für Gäste oder besondere Anlässe. Eine etwas längere Zubereitungszeit muss allerdings eingeplant werden.

300 g Blattspinat
Salz
frisch gemahlener Pfeffer
600 g Dorschfilets
600 g reife Tomaten
1 Esslöffel Olivenöl
10 g Tomatenmark
1 Lorbeerblatt
½ Packung italienische Kräuter (tiefgefroren)
1 Teelöffel gekörnte Gemüsebrühe
500 g Spaghettini
15 g Butter
1 g Safranpulver
2 Esslöffel gehackte Petersilie

❶ Blattspinat blanchieren, ausdrücken und mit Salz und Pfeffer abschmecken. Dorschfilets waschen, trockentupfen und längs halbieren. Salzen und pfeffern und mit Spinat belegen. Fischfilets vorsichtig aufrollen und in Timbaleförmchen oder Tassen setzen.

❷ Tomaten häuten, vierteln und entkernen. Tomatenviertel fein würfeln. Olivenöl in einem Topf erhitzen, Tomatenwürfel darin andünsten. 1/16 l Wasser, Tomatenmark und Lorbeerblatt zugeben. Kräuter und gekörnte Gemüsebrühe einrühren. Gemüse aufkochen, 10 Minuten köcheln lassen und vom Herd nehmen. Mit Salz und Pfeffer abschmecken; Lorbeerblatt entfernen.

❸ Reichlich Salzwasser in einem großen Topf zum Kochen bringen. Spaghettini darin nach Packungsanweisung garen. Abtropfen lassen und warm stellen.

❹ Dorschröllchen im heißen Wasserdampf garen. Spaghettini mit Butterflöckchen und Safranpulver vermischen, mit Salz und Pfeffer abschmecken.

❺ Tomatenragout auf vier vorgewärmte Teller verteilen, Dorschröllchen darauf setzen und mit Petersilie garnieren. Mit Safran-Spaghettini servieren.

Für 4 Personen, pro Portion ca. 683 kcal

Gefüllte Tomaten mit Käse und Lachs

Tomaten, raffiniert gefüllt mit Zwiebeln, Champignons, Lachsfilet und Limburger, sind nicht nur köstlich, sondern auch sättigend. Mit in Öl gebratenem Raukesalat eine interessante Hauptspeise.

8 Fleischtomaten
Butter für die Form
1 kleine rote Zwiebel
100 g Champignons
300 g Lachsfilet
1 Bund Schnittlauch
300 g Limburger
Salz
Pfeffer
2 Bund Rauke
3 Esslöffel Öl

❶ Von den Tomaten einen Deckel abschneiden und Tomaten mit einem Teelöffel vorsichtig aushöhlen.

❷ Backofen auf 180 °C vorheizen; eine Auflaufform gründlich buttern.

❸ Zwiebel abziehen, Champignons putzen; beides in dünne Scheiben schneiden. Lachs mit einem spitzen Messer von der Haut befreien, Fisch in feine Streifen schneiden. Schnittlauch hacken, Käse klein würfeln. Vorbereitete Zutaten vermischen; mit Salz und Pfeffer abschmecken.

❹ Ausgehöhlte Tomaten nebeneinander in die Auflaufform setzen und mit dem Lachs-Käse-Gemisch füllen. In ca. 20 Minuten im Ofen überbacken.

❺ Rauke in heißem Öl in einer Pfanne kurz braten, pfeffern und salzen. Rauke zusammen mit den gefüllten Tomaten servieren.

Für 4 Personen, pro Portion ca. 466 kcal

Garnelen mit Radicchio und Tomaten

Ein saftiger Garnelen-Genuss: Gegart in Tomatenstücken und Radicchiosalat, umgibt die Garnelen beim Servieren eine köstliche Tomatensauce. Dazu passt italienisches ungesalzenes Weißbrot.

2 Strauchtomaten
2 kleine Radicchio
4 Esslöffel Knoblauchöl
24 Riesengarnelen, ohne Kopf und Schale
Salz
weißer Pfeffer
Zitronensaft

❶ Tomaten vierteln, entkernen und in Würfel schneiden. Radicchio in feine Streifen schneiden.

❷ Öl in einem großen Topf erhitzen, Garnelen darin kurz von beiden Seiten braten. Radicchio und Tomaten zufügen, umrühren, Topf mit einem Deckel verschließen. Bei kleiner Flamme ca. 8 Minuten garen, ab und zu umrühren. Mit Salz, Pfeffer und Zitronensaft abschmecken.

Für 4 Personen, pro Portion ca. 220 kcal

Muscheln mit Wein-Tomaten-Sauce

Die Miesmuschel ist eine weltweit verbreitete essbare Muschel, die sich auf Pfählen und Steinen im Meer festsetzt. Zubereiten sollte man sie allerdings nur in den Monaten mit »r«, also von September bis April – das ist die Zeit, in der Miesmuscheln unbedenklich zu genießen sind, zum Beispiel mit einer Wein-Tomaten-Sauce.

3 Knoblauchzehen
5 Frühlingszwiebeln
¼ Sellerieknolle
1 Möhre
5 Esslöffel Keimöl
1 Rosmarinzweig
½ Teelöffel getrockneter Thymian
1 große Dose Tomaten (800 g)
2 kg Miesmuscheln
½ l trockener Weißwein
Salz
Pfeffer
Cayennepfeffer

❶ Knoblauch abziehen und in dünne Scheiben schneiden, Frühlingszwiebeln häuten und mit Lauch in schmale Streifen schneiden. Sellerie und Möhre schälen, Sellerie in kleine Würfel und Möhre in Scheiben schneiden.

❷ Öl in einem sehr großen Topf oder einer Kasserolle erhitzen. Vorbereitetes Gemüse zufügen und kurz andünsten. Kräuter und Tomaten mit Saft unterrühren, ca. 15 Minuten leise köcheln lassen.

❸ Muscheln gründlich unter fließendem Wasser mit einer Bürste säubern. Geöffnete Muscheln wegwerfen.

❹ Tomatensauce mit Wein auffüllen und zum Kochen bringen. Rosmarin entfernen, Sauce nach Geschmack mit Salz, Pfeffer und Cayennepfeffer abschmecken.

❺ Muscheln in die Tomatensauce geben und bei starker Hitze im geschlossenen Topf garen. Den Topf ab und zu kräftig schütteln. Nach ca. 10 Minuten Muscheln und Sauce auf vier vorgewärmte Schüsseln verteilen. Muscheln, die geschlossen geblieben sind, unbedingt wegwerfen.

Für 4 Personen, pro Portion ca. 326 kcal

Pikante Rotbarsch-Päckchen mit Tomaten-Spinat-Gemüse

400 g Strauchtomaten
4 Scheiben Zwieback
120 g Kräuterbutter
4 Rotbarschfilets (à 150 g)
Salz
weißer Pfeffer
Piment, gemahlen
600 g Blattspinat, tiefgefroren

Im eigenen Saft plus Kräuterbutter gart hier der Rotbarsch – mit Folie umwickelt im Backofen. Serviert wird der appetitliche Fisch mit einer Gemüsemischung aus Blattspinat und Tomaten. Eine Variante: Anstelle von Blattspinat kann nach Belieben auch frischer Mangold verwendet werden.

❶ Tomaten häuten, vierteln und entkernen. Tomatenviertel in feine Würfel schneiden. Zwieback im Mixer fein zerkleinern. Zwiebackbrösel mit der Hälfte der Kräuterbutter verkneten.

❷ Backofen auf 200 °C vorheizen; vier große Stücke Alufolie bereit legen.

❸ Rotbarschfilets abspülen, mit Küchenkrepp trockentupfen. Filets von einer Seite mit Salz und Pfeffer würzen. Je ein Filet mit der gewürzten Seite nach unten auf ein Stück Alufolie geben – dabei sollte die glänzende Seite der Folie nach oben schauen.

❹ Rotbarschfilets mit Piment überstäuben und mit der Kräuterbutter-Zwieback-Mischung belegen. Jede Folie locker verschließen, so dass die Fischfilets ausreichend Platz haben. Fischpäckchen für ca. 20–30 Minuten in den Ofen geben.

❺ In der Zwischenzeit Spinat nach Packungsvorschrift garen. Sobald der Spinat aufgetaut ist, Tomatenwürfel und restliche Kräuterbutter unterrühren. Tomaten-Spinat fertig kochen, mit Salz und Pfeffer abschmecken. Gemüse mit dem Rotbarsch servieren.

Für 4 Personen, pro Portion ca. 489 kcal

Riesengarnelenspieße auf Tomatengemüse

Ganz schnell was Feines: Diese Riesengarnelenspieße sind im Nu zubereitet.

8 reife Fleischtomaten
3 Esslöffel Olivenöl
1 Teelöffel getrocknete italienische Kräuter
Salz
1 Prise Zucker
Zitronenpfeffer
24 Riesengarnelen, ohne Kopf und Schale
60 g Butterschmalz

❶ Tomaten häuten, vierteln und entkernen. Tomatenviertel in kleine Würfel schneiden. Olivenöl in einem Topf erhitzen, Tomatenstücke unter Rühren saucig kochen. Mit Kräutern, Salz, Zucker und Pfeffer abschmecken. Tomatengemüse warm halten.

❷ Garnelen auf vier Holzspieße stecken. Butterschmalz in einer großen Pfanne erhitzen, Spieße von beiden Seiten ca. 5 Minuten bei mittlerer Hitze braten.

❸ Tomatengemüse auf Teller verteilen, Riesengarnelenspieße darauf anrichten und mit Salz und Pfeffer bestreuen.

Für 4 Personen, pro Portion ca. 364 kcal

Schellfisch mit Kräutern und Tomaten

Der Schellfisch ist ein so genannter Dorschfisch, der bei diesem Gericht als Filet in eine Auflaufform gegeben wird – gebettet auf Tomatenscheiben mit Käse-Sahne-Sauce.

800 g Schellfischfilet
Saft von 1 Zitrone
500 g Fleischtomaten
Butter für die Form
2 Schalotten
1 Knoblauchzehe
1 Bund glatte Petersilie
3 Esslöffel Butter
1 Teelöffel getrockneter Thymian
1 Teelöffel getrockneter Majoran
60 g Paniermehl
80 g Pecorino, gerieben
Salz
Pfeffer
100 g Crème fraîche
150 g Sahne

❶ Schellfischfilet abspülen, mit Küchenkrepp abtupfen und mit Zitronensaft beträufeln. Tomaten in Scheiben schneiden.

❷ Backofen auf 200 °C vorheizen; eine Auflaufform gründlich buttern.

❸ Schalotten und Knoblauchzehe abziehen und fein würfeln. Petersilie hacken. Zimmerwarme Butter in eine Schüssel geben, mit Kräutern, Zwiebeln, Knoblauch, Paniermehl und 40 g Pecorino verkneten. Mit Salz und Pfeffer abschmecken.

❹ Crème fraîche mit Sahne glattrühren, mit restlichem Pecorino vermischen und mit Salz und Pfeffer abschmecken. Tomatenscheiben in die Auflaufform schichten und mit der Käse-Sahne begießen. Schellfischfilet darauf legen, leicht salzen und mit der Kräutermasse bestreichen.

❺ Schellfisch in ca. 20–30 Minuten im Ofen überbacken.

Für 4 Personen, pro Portion ca. 604 kcal

Kabeljausteaks mit Tomaten-Ajvar-Püree

Heiß und kalt vereint: Zum heißen Fisch gibt es eine kalte herzhafte Sauce aus Tomaten und Ajvar, dem fertig gekauften Paprikapüree.

4 Kabeljausteaks
1 Teelöffel Limettensaft
250 g Eiertomaten
50 g Ajvar
1 Teelöffel Sojasauce
1 Esslöffel Tomatenmark
Sambal Oelek
1 Prise Zucker
Salz
Pfeffer
2 Esslöffel Butter

❶ Kabeljau abspülen, mit Küchenkrepp abtupfen und auf einen Teller legen. Fisch mit Limettensaft beträufeln und ca. 20 Minuten mit Folie bedeckt im Kühlschrank ziehen lassen.

❷ Tomaten häuten, vierteln und entkernen. Tomatenviertel in Würfel teilen und zusammen mit Ajvar, Sojasauce und Tomatenmark in den Mixer geben. Auf hoher Stufe zu Püree mixen. Tomatenpüree nach Belieben mit Sambal Oelek, Zucker, Salz und Pfeffer abschmecken. Kalt stellen.

❸ Butter in einer großen Pfanne erhitzen, Kabeljausteaks hineinlegen. Einen Deckel aufsetzen und Fisch gar dünsten; dabei einmal wenden. Kurz vor Ende der Garzeit ca. 2 Minuten ohne Deckel braten.

❹ Kabeljausteaks vor dem Servieren salzen und pfeffern und mit dem kalten Tomatenpüree servieren.

Für 4 Personen, pro Portion ca. 193 kcal

Rindersteak mit Tomaten-Cognac-Sauce

Worcestershire-Sauce und Cognac geben diesem Steakgericht seine pikante Note, doch wird der Cognac zunächst angezündet, so dass er zwar sein Aroma entfaltet, der Alkohol sich aber verflüchtigt.

2 Schalotten
½ Bund Schnittlauch
4 große Tomaten
1 Esslöffel Olivenöl
15 g Butter
8 Rindersteaks (ca. 750 g), geklopft
Salz
frisch gemahlener Pfeffer
3 Esslöffel Cognac
1 Esslöffel Worcestershire-Sauce
250 ml Rinderfonds

❶ Schalotten schälen, in sehr dünne Scheiben schneiden. Schnittlauch waschen und fein hacken. Tomaten mit heißem Wasser übergießen, schälen, Stielansatz entfernen und grob hacken.

❷ Olivenöl und Butter in einer Pfanne erhitzen, Steaks salzen und pfeffern, bei hoher Hitze von beiden Seiten rasch an- , nicht durchbraten, aus der Pfanne nehmen und warm stellen.

❸ Pfanne vom Herd nehmen, überschüssiges Fett abgießen, Cognac in die Pfanne geben, anzünden und wieder auf den Herd stellen, bis die Flamme verlöscht. Schalotten in der Pfanne weich kochen, Tomaten, Worcestershire-Sauce, Fonds, Salz und Pfeffer unterrühren und aufkochen lassen.

❹ Steaks in den Tomatensud geben und garen. Die fertigen Steaks portionsweise anrichten, Sauce etwas einkochen lassen, Schnittlauch dazugeben und über die Steaks gießen.

Für 4 Personen, pro Portion ca. 390 kcal

Schweinefilet auf Tomatengemüse

Zu diesem pikanten Fleischgericht schmecken bissfest gegarte Nudeln, aber auch körnig gekochter Naturreis oder ein sämiger Risotto. Wenn es schnell gehen soll, einfach frisches Weißbrot oder Vollkornbrot dazu servieren. Das Rezept kann auch mit Hühnerbrust zubereitet werden.

800 g Schweinefilet
2 Teelöffel gehackter Majoran
1 Teelöffel geriebene Zitronenschale
½ Teelöffel. Kümmelpulver
Salz
frisch gemahlener Pfeffer
4 Knoblauchzehen
2 Zwiebeln
8 Frühlingszwiebeln
8 Tomaten, gehäutet
2 Esslöffel Olivenöl
4 Esslöffel gehacktes Basilikum
1 Esslöffel gehackter Oregano

❶ Schweinefilet waschen, trockentupfen und in gleichmäßige Streifen oder Scheiben schneiden. Mit Majoran, Zitronenschale, Kümmelpulver, Salz und Pfeffer kräftig würzen.

❷ Knoblauchzehen, Zwiebeln und Frühlingszwiebeln abziehen, Knoblauch fein hacken, Zwiebeln und Frühlingszwiebeln in feine Streifen schneiden. Tomaten häuten, vierteln und entkernen. Tomatenviertel würfeln.

❸ Olivenöl in einer Pfanne erhitzen, Knoblauch darin anbraten, Filet zugeben und unter ständigem Wenden mitbraten. Fleisch-Knoblauch-Mischung aus der Pfanne nehmen und warm stellen.

❹ Zwiebeln und Frühlingszwiebeln im Bratfett glasig braten. Tomaten zugeben, kurz mitgaren. Tomatengemüse mit Salz, Pfeffer, Basilikum und Oregano abschmecken.

❺ Filet auf vier vorgewärmten Tellern anrichten, Gemüse darüber verteilen.

Für 4 Personen, pro Portion ca. 354 kcal

Hackbällchen mit Limetten-Tomatensauce

Die einen nennen sie Frikadellen, die anderen Buletten oder Fleischpflanzerl. Gemeint ist stets dasselbe Fleischgericht, nämlich eine Mischung aus Rinderhack, Schweinemett, Brötchen, Gewürzen u.v.m, die in der Pfanne, zu Fladen geformt, kräftig durchgebraten wird. Hier gibt es die kleinere Version, »Hackbällchen«, serviert mit einer Tomatensauce, die mit Limettensaft abgeschmeckt wurde.

2 Brötchen
¼ l Milch, lauwarm
1 Zwiebel
6 Salbeiblätter
800 g Strauchtomaten
1 Esslöffel Butter
250 g Rinderhack
250 g Schweinemett
1 Ei
1 Esslöffel Mehl
Salz
Pfeffer
Öl zum Braten
4 Esslöffel Portwein
1–2 Spritzer Tabasco
4 Esslöffel Olivenöl
1 Esslöffel Limettensaft

❶ Brötchen in der Milch einweichen. Zwiebel abziehen und fein würfeln. Salbei hacken. Tomaten häuten, vierteln und entkernen. Tomatenviertel in kleine Würfel schneiden.

❷ Butter in einer Pfanne erhitzen, Zwiebelwürfel andünsten. Brötchen ausdrücken, klein zerpflücken und kurz mit in die Pfanne geben. Alles in eine Schüssel umfüllen.

❸ Hack und Mett zusammen mit Ei, Mehl und Salbei in die Schüssel geben. Fleischmasse gut verkneten. Mit Salz und Pfeffer abschmecken. Aus dem Fleischteig kleine Bällchen formen.

❹ Öl in einer großen Pfanne erhitzen, Bällchen von beiden Seiten braun braten. Gebratene Fleischbällchen in eine Schüssel geben und mit Portwein begießen.

❺ Tomatenwürfel im Mixer auf höchster Stufe zu Püree verarbeiten. Mit Salz, Tabasco, Olivenöl und Limettensaft abschmecken. Tomatensauce kalt zu den Hackbällchen servieren.

Für 4 Personen, pro Portion ca. 601 kcal

Hühnerlebern in Tomatensauce

600 g Hühnerlebern
3 Schalotten
2 Möhren
500 g Tomaten
½ Bund Thymian
4 Esslöffel Öl
Salz
Pfeffer
1 Esslöffel Ketschup

Für alle Liebhaber von gebratener Leber ein Muss: Hühnerlebern in einer köstlichen Tomatensauce mit Thymian gewürzt. Als Beilage eignet sich wilder Reis besonders gut.

❶ Hühnerlebern abspülen, mit Küchenkrepp trockentrupfen. Schalotten abziehen, Möhren schälen, beides in dünne Scheiben schneiden. Tomaten häuten, vierteln und entkernen. Tomatenviertel in Streifen schneiden. Thymian hacken.

❷ In einer Pfanne 2 Esslöffel Öl erhitzen, Lebern anbraten, salzen und pfeffern. Beiseite stellen.

❸ Restliches Öl in der Pfanne erhitzen, Schalottenringe und Möhrenscheiben zugeben und mit Ketschup verrühren. Kurz andünsten. Tomaten und Gewürze zufügen, ca. 10 Minuten köcheln lassen.

❹ Hühnerlebern nochmals kurz erwärmen und zusammen mit dem Tomatengemüse anrichten. Vor dem Servieren noch einmal mit Salz und Pfeffer abschmecken.

Für 4 Personen, pro Portion ca. 341 kcal

Kasseler im Tomaten-Apfel-Bett

Kasseler einmal ohne Sauerkraut, dafür mit Tomaten und Äpfeln. Gewürze wie Zucker, Nelken und geriebene Orangenschale verleihen dem Ganzen ein herrlich liebliches Aroma. Und dazu: selbst gemachtes Kartoffelpüree.

1 Dose Tomatenstücke (400 g)
200 ml Apfelsaft
50 ml Obstessig
1 Teelöffel Zucker
2 Nelken
1 Esslöffel abgeriebene Orangenschale
3 kleine Boskop-Äpfel
4 Scheiben Kasseler-Kotelett (à 150 g)

❶ Backofen auf 200 °C vorheizen. Tomatenstücke abtropfen lassen und in eine Schüssel geben. Apfelsaft, Essig, Zucker, Nelken und Orangenschale unterrühren. Äpfel schälen, vierteln und das Kerngehäuse herausschneiden. Apfelviertel in Scheiben schneiden, in die Schüssel geben. Alles gut verrühren.

❷ Eine Kasserolle mit der Hälfte des Tomaten-Apfel-Gemischs füllen. Kasseler nebeneinander darauf geben. Mit dem Rest des Gemischs bedecken. Kasserolle mit dem Deckel verschließen und in den Backofen stellen.

❸ Nach einer Garzeit von 20 Minuten Deckel abnehmen und Kasseler nochmals für 10 Minuten im Ofen garen lassen.

Für 4 Personen, pro Portion ca. 304 kcal

Schnitzel mit Tomaten-Oliven-Mus

In Italien nennt man dieses Gericht auch Scaloppina a la Pizzaiola.
Was das Ganze mit Pizza zu tun hat? Die Schnitzel entsprechen dem Pizzaboden, darauf gibt man hier wie da Tomatenpüree, gefolgt von geschmolzenem Mozzarella.

1 Packung Mozzarella (200 g)
1 Dose Tomaten (800 g)
16 schwarze Oliven, entsteint
1 Knoblauchzehe
Salz
Zucker
Pfeffer
4 Schnitzel
6 Esslöffel Olivenöl
½ Teelöffel getrockneter Oregano

❶ Mozzarella und Tomaten abtropfen lassen. Käse in vier Scheiben schneiden, Tomaten in den Mixer geben und auf höchster Stufe pürieren. Oliven hacken und unter das Tomatenpüree mischen, Knoblauch hineinpressen. Mit Salz, etwas Zucker und Pfeffer kräftig abschmecken.

❷ Schnitzel leicht klopfen und salzen. Öl in einer sehr großen Pfanne erhitzen, Schnitzel hineingeben. Sofort vollständig mit Tomatenpüree bestreichen und mit Oregano bestreuen.

❸ Sobald die Schnitzel durch sind, jedes mit einer Scheibe Mozzarella belegen. Die Pfanne mit einem Deckel schließen. Beginnt der Mozzarella zu zerlaufen, können die Schnitzel serviert werden.

Für 4 Personen, pro Portion ca. 556 kcal

Saucen, Säfte und Drinks

Ob die Tomatensauce für Spagetti (Klassische Tomatensauce für Nudeln, s. S. 126), der Ketschup (Tomaten-Ketschup, s. S. 131), der Tomatensaft (s. S. 134) oder die Bloody Mary (s. S. 136) – sie alle gehören unbestritten zu den absoluten »Tomatenklassikern«. Doch auch in anderen Mischungen behauptet die Tomate ihren festen Platz, z. B. im Chutney (Birnen-Tomaten-Chutney, s. S. 133), der dicklichen Würzsauce, die kalt zu Fleisch oder Brot gereicht wird, oder in der Salsa (Salsa mit Tomaten und Avocado, s. S. 130), dem scharfen Dip, der immer wieder dazu verführt, ihn mit Chips zu vernaschen.

Klassische Tomatensauce für Nudeln

800 g Fleischtomaten
2 Schalotten
1 Knoblauchzehe
2 Esslöffel Olivenöl
Salz
Pfeffer
1 Prise Zucker
1 Esslöffel Balsamico-Essig

Spagetti mit Tomatensauce ist mittlerweile zum Klassiker geworden, der immer wieder gern gegessen wird – ob als Vor- oder als Hauptspeise. Wer diese Tomatensauce gleich auf Vorrat kocht und portionsweise einfriert, kann jederzeit ein schnelles Essen zaubern: Sauce antauen lassen, erhitzen, Nudeln kochen, fertig.

❶ Tomaten häuten, vierteln und entkernen. Tomatenviertel in kleine Würfel schneiden. Schalotten und Knoblauchzehe abziehen, fein hacken.

❷ Öl in einem Topf erhitzen, Schalotten und Knoblauch andünsten. Tomatenstücke zugeben und mit Salz, Pfeffer, Zucker und Essig abschmecken. Sauce auf kleiner Flamme zugedeckt ca. 45 Minuten köcheln lassen. Wird die Sauce zu dick, wenig Wasser einrühren.

❸ Tomatensauce noch einmal ca. 5 Minuten köcheln lassen. Nach Belieben nachwürzen. Heiß servieren.

Für 4 Personen, pro Portion ca. 87 kcal

Tomatensauce zu Fisch, Fleisch, Gemüse

1 Zwiebel, fein gehackt
2 Knoblauchzehen, zerdrückt
1 kg überreife Tomaten
1 Teelöffel Olivenöl
2 Esslöffel Tomatenmark
etwas Gemüsebrühe
1 Esslöffel frisch gehackte Kräuter, z. B. Basilikum, Oregano, Petersilie
Kräutersalz
frisch gemahlener Pfeffer
1 Teelöffel Honig
1 Esslöffel Balsmico-Essig

Diese universelle Tomatensauce wertet jedes Gericht auf. Wem Fisch, Fleisch oder Gemüse solo zu fade schmeckt oder ganz einfach zu trocken ist, dem sei die Zugabe selbst gemachter Tomatensauce empfohlen.

❶ Zwiebel und Knoblauchzehe abziehen und fein hacken. Tomaten häuten, vierteln und entkernen. Tomatenviertel in kleine Würfel zerteilen.

❷ Olivenöl in einem Topf erhitzen, Zwiebel und Knoblauch darin glasig braten. Tomatenmark und Gemüsebrühe einrühren; kurz dünsten. Tomaten untermischen und bei schwacher Hitze im offenen Topf ca. 30 Minuten köcheln lassen.

❸ Kräuter zugeben und mit Kräutersalz, Pfeffer, Honig und Essig abschmecken. Sauce nach Belieben pürieren.

Für 4 Personen, pro Portion ca. 90 kcal

Tomaten-Honig-Sauce

Diese pikant-süße Sauce ist vielseitig verwendbar: heiß zu Lammkoteletts, gedünstetem Brokkoli oder Kartoffelplätzchen – kalt zu Roastbeef oder frittiertem Camembert.

1 kleine Zwiebel
1 Knoblauchzehe
8 Strauchtomaten
3 Esslöffel Basilikumöl
2 Esslöffel Waldhonig
1 Esslöffel Balsamico-Essig
Salz
Pfeffer

❶ Zwiebel und Knoblauchzehe abziehen, beides fein hacken. Tomaten häuten, vierteln und entkernen. Tomatenviertel in kleine Würfel schneiden.

❷ Öl in einer Pfanne erhitzen, Zwiebel und Knoblauch andünsten. Tomatenwürfel, Honig, Essig, Salz und Pfeffer zufügen und gut durchrühren. Sauce unter Rühren dicklich einkochen lassen.

❸ Tomaten-Honig-Sauce nach dem Kochen noch einmal nach Belieben mit Salz und Pfeffer abschmecken. Heiß oder kalt servieren.

Für 4 Personen, pro Portion ca. 126 kcal

Tomaten-Bohnen-Mousse

Tomaten und weiße Bohnen werden hier zusammen mit Speck, Zwiebeln, Kräutern und Petersilie zu einer herzhaften Sauce eingekocht. Sie schmeckt zu Nudeln, Gnocchi oder Kurzgebratenem.

600 g weiße Bohnen aus dem Glas
800 g Fleischtomaten
3 Schalotten
1 Knoblauchzehe
150 g Frühstücksspeck
½ Bund glatte Petersilie
2 Esslöffel Öl
Salz
Pfeffer

❶ Weiße Bohnen abtropfen lassen. Tomaten häuten, vierteln und entkernen. Tomatenviertel in kleine Würfel schneiden. Schalotten und Knoblauchzehe abziehen und hacken. Frühstücksspeck würfeln. Petersilie hacken.

❷ Öl in einem Topf erhitzen, Speckwürfel auslassen. Schalotten und Knoblauch zufügen, dünsten, bis der Knoblauch duftet. Bohnen und Tomatenwürfel zugeben, unter Rühren ca. 15 Minuten einkochen lassen. Petersilie unterrühren, mit Salz und Pfeffer abschmecken.

❸ Tomaten-Bohnen-Mousse heiß servieren.

Für 4 Personen, pro Portion ca. 442 kcal

Tomaten-Zwiebel-Sauce

Eine pikante Sauce aus roten Zwiebeln und Tomaten, fein abgeschmeckt mit Apfelessig und Honig: Sie veredelt Schweine- oder Rinderbraten, Fischfilet oder auch Pellkartoffeln.

5 rote Zwiebeln
1 Knoblauchzehe
800 g Fleischtomaten
5 Esslöffel Olivenöl
Salz
schwarzer Pfeffer aus der Mühle
1 Esslöffel Apfelessig
1 Esslöffel Honig

❶ Zwiebeln und Knoblauchzehe abziehen, Zwiebeln würfeln. Tomaten häuten, vierteln und entkernen. Tomatenviertel fein würfeln.

❷ Öl in einem Topf erhitzen, Zwiebeln andünsten. Tomaten zugeben und unter Rühren einkochen lassen. Mit Salz, Pfeffer, Essig und Honig abschmecken.

❸ Kurz vor Ende der Kochzeit Knoblauch in die Sauce pressen; noch einmal mit Gewürzen abschmecken. Tomaten-Zwiebel-Sauce heiß servieren.

Für 4 Personen, pro Portion ca. 179 kcal

Salsa mit Tomaten und Avocado

400 g Eiertomaten
2 Schalotten
1 Knoblauchzehe
½ Bund glatte Petersilie
1 Avocado
Salz
¼ Teelöffel Chilipulver
Saft von 1 Limette
2 Esslöffel Crème fraîche

Ein scharfer Dip zu Nachos, den würzigen mexikanischen Chips, aber auch ein pikanter Brotaufstrich – das ist Salsa mit Tomaten und Avocado.

❶ Tomaten häuten, vierteln und entkernen. Tomatenviertel in sehr kleine Würfel schneiden. Schalotten und Knoblauchzehe abziehen, fein hacken. Petersilie grob hacken. Avocado der Länge nach halbieren, Kern entfernen und Fruchtfleisch mit einem Löffel herausnehmen; klein würfeln.

❷ Vorbereitete Zutaten vermischen, mit Chilipulver und Limettensaft abschmecken. Crème fraîche glatt rühren und mit der Salsa vermischen.

Für 4 Personen, pro Portion ca. 131 kcal

Tomatensauce für Gegrilltes

2 Dosen Tomaten (à 400 g)
70 g rote Zwiebeln
4 Gewürzgurken
5 Esslöffel Sonnenblumenöl
2 Teelöffel Zucker
Salz
Pfeffer

Nicht nur für Grillfeste, auch für »alltäglich« Gebratenes aus der Pfanne ist diese Tomatensauce ideal. Ganz nach Belieben können die Zutaten variiert werden: Soll es ein wenig schärfer sein, kommt Tabasco oder Cayennepfeffer hinzu, soll es ein wenig lieblicher sein, hilft ein Esslöffel Crème fraîche.

❶ Tomaten abtropfen lassen und in dünne Scheiben schneiden. Zwiebeln abziehen und fein hacken. Gewürzgurken fein würfeln.

❷ Öl in einem Topf erhitzen, Zwiebeln andünsten. Tomaten und Gurken zufügen, mit Zucker, Salz und Pfeffer abschmecken. Sauce unter Rühren einkochen lassen. Nach dem Kochen noch einmal abschmecken und erkalten lassen. In Gläser mit Schraubverschluss füllen und im Kühlschrank aufbewahren. Kurzfristig verbrauchen.

6 Portionen, pro Portion ca. 103 kcal

Tomaten-Ketschup

Tomaten-Ketschup – er hat seinen festen Platz in fast jedem Haushalt bzw. Kühlschrank. Pommes frites oder Hamburger wären ohne ihn nicht das, was sie sind. Im Handel findet der Verbraucher Ketschup in den verschiedensten Geschmacksrichtungen, doch keiner schmeckt wie selbst gemacht!

❶ Tomaten häuten, vierteln und entkernen. Tomatenviertel in kleine Würfel schneiden und in einen Topf geben. Ca. 5 Esslöffel Wasser zufügen und zum Kochen bringen. Mit Essig, Zucker, Honig, Zimtpulver, Muskatnuss, Salz und Pfeffer abschmecken.

❷ Tomaten unter gelegentlichem Rühren ca. 1 Stunde leise köcheln lassen, bis sie zu Brei eingekocht sind. Masse durch ein Sieb passieren und nochmals für ca. 10 Minuten kochen lassen. Nach Belieben abschmecken.

❸ Ketschup erkalten lassen und in Gläser mit Schraubverschluss füllen. Im Kühlschrank aufbewahren und zügig verbrauchen.

Ca. 500 ml Ketschup, insgesamt ca. 363 kcal

1 kg reife Fleischtomaten
2 Esslöffel Obstessig
2 Esslöffel Zucker
1 Esslöffel Honig
1 Prise Zimtpulver
1 Prise Muskatnuss
Salz
Pfeffer

Tomatenjus

Tomatenjus, eine Brühe aus gekochtem, selbst gepresstem Tomatensaft, eignet sich als Basis für Suppen und kann anstelle von Gemüsebrühe, Fleisch- oder Fischfonds verwendet werden. Jedoch ist der Jus nicht gewürzt, was bei der Zubereitung eines Gerichtes berücksichtigt werden sollte.

❶ Tomaten häuten und klein schneiden. Tomatenwürfel in ein Chromstahlsieb geben. Flüssigkeit mit einem Esslöffel gut ausdrücken, Saft in einer Schüssel auffangen.

❷ Tomatensaft in einen kleinen Topf füllen und bei schwacher Hitze im offenen Topf köcheln lassen, bis er leicht eindickt.

Ca. 400 ml Jus, insgesamt ca. 174 kcal

1 kg überreife Tomaten

Tomatenchutney mit Schattenmorellen und Äpfeln

Eine herzhafte, dicklich eingekochte Sauce aus Tomaten, Schalotten, Äpfeln, Schattenmorellen und Gewürzen wird kalt zu Schweinebraten, Roastbeef oder Puter gereicht. Das Chutney schmeckt aber auch als Sauce zu Fleisch-Fondue.

500 g Tomaten
250 g Schalotten
250 g Boskop-Äpfel
¼ l Rotwein-Essig
200 g Schattenmorellen, abgetropft
1 Teelöffel Senfkörner
120 g brauner Zucker
Salz
Pfeffer

❶ Tomaten häuten, vierteln und entkernen. Schalotten abziehen und vierteln. Äpfel schälen, vierteln und vom Kerngehäuse befreien.

❷ Vorbereitete Zutaten in einen Topf geben, mit Essig begießen und zum Kochen bringen. Schattenmorellen, Senfkörner, Zucker, etwas Salz und Pfeffer zufügen und Masse unter mehrmaligem Rühren einkochen lassen. Der Einkochvorgang ist beendet, wenn eine dickliche Masse entstanden ist.

❸ Das eingedickte Chutney nach Belieben noch einmal abschmecken und in Einmachgläser füllen. Im Kühlschrank aufbewahren; nach dem Öffnen innerhalb von 1 Woche verbrauchen.

Für 4 Personen, pro Portion ca. 230 kcal

Birnen-Tomaten-Chutney

Das Chutney aus Birnen und Tomaten ähnelt einer süß-sauren Marmelade. Besonders gut macht es sich als Würzsauce zu gefüllten Blätterteigtaschen wie Frühlingsrollen oder zu frittiertem Gemüse.

1 Dose Williamsbirnen (400 g)
300 g Fleischtomaten
3 kleine rote Zwiebeln
250 ml Apfelessig
1 Teelöffel Senfpulver
½ Teelöffel weißer Pfeffer
200 g brauner Zucker
Salz
1 Zimtstange

❶ Birnen abtropfen lassen und würfeln. Tomaten vierteln, entkernen und in schmale Streifen schneiden. Tomatenstreifen leicht salzen. Zwiebeln abziehen und in Ringe schneiden.

❷ Birnenwürfel, Tomatenstreifen und Zwiebelringe in einen Topf geben, mit Essig begießen und zum Kochen bringen. Senfpulver, Pfeffer, Zucker, etwas Salz und Zimtstange zufügen. Das Chutney unter mehrmaligem Rühren einkochen lassen, bis eine dickliche Masse entstanden ist.

❸ Zimtstange nach dem Einkochen entfernen und das Chutney in Einmachgläser füllen. Im Kühlschrank aufbewahren; nach dem Öffnen innerhalb von 1 Woche verbrauchen.

Für 4 Personen, pro Portion ca. 320 kcal

Tomaten-Vinaigrette

Tomaten-Vinaigrette, das ist eine feine Salatsauce aus hauchdünn geschnittenen Tomaten, Schalotten und Knoblauch in Essig und Öl.
Sie passt zu allen Blattsalaten wie Römersalat, Eichblattsalat, Friséesalat, Kopfsalat usw.

4 Cherry-Strauchtomaten
1 Schalotte
2 Knoblauchzehen
⅛ l Estragonessig
½ Teelöffel mittelscharfer Senf
1 Prise Zucker
Salz
weißer Pfeffer
¼ l Keimöl

❶ Tomaten halbieren, entkernen und in sehr feine Streifen schneiden; diese nochmals halbieren. Schalotte und Knoblauchzehen abziehen, fein hacken.

❷ Estragonessig, Senf, Zucker, Salz und Pfeffer in einer Schüssel verschlagen. Langsam das Öl hinzugießen und einrühren. Tomaten zugeben und alles gut verrühren. Nochmals nach Geschmack würzen.

Für 4 Personen, pro Portion ca. 573 kcal

Tomatensaft

Schluck für Schluck ein Genuss, das ist frisch hergestellter Tomatensaft. Wer für die Zubereitung gerade keinen Mixer zur Hand hat, schneidet die Tomatenstücke so klein wie möglich und drückt sie mit einer Gabel durch ein Haarsieb.

2 kg reife Fleischtomaten
1 Teelöffel italienische Kräuter
2 Esslöffel Honig
2 Prisen Kardamom
Salz
Pfeffer

❶ Tomaten häuten, entkernen und in kleine Stücke schneiden. Tomatenstücke in den Mixer geben und zusammen mit 2 Esslöffeln Wasser auf höchster Stufe so lange pürieren, bis sie zu Saft geworden sind.

❷ Tomatensaft mit Kräutern, Honig, Kardamom, Salz und Pfeffer nach Belieben abschmecken. In einen Saftkrug füllen und mit Frischhaltefolie bedeckt im Kühlschrank aufbewahren. Kurzfristig verbrauchen.

4 Gläser, pro Glas ca. 118 kcal

Eisgekühlter Limetten-Tomaten-Tee

Ein cooler Drink, nicht nur für heiße Tage: Kalter grüner Tee gemischt mit Gemüse- und Tomatensaft, gewürzt mit Limettensaft und Tabasco – ein unvergleichlicher Geschmack.

8 Eiswürfel
400 ml kalter grüner Tee
200 ml Gemüsesaft
200 ml Tomatensaft
Salz
Pfeffer
Tabasco
2 Esslöffel Limettensaft

❶ Eiswürfel in ein Geschirrtuch wickeln und mit einem Hammer zerstoßen. Gestoßenes Eis auf vier hohe Trinkgläser verteilen.

❷ Grünen Tee mit Gemüse- und Tomatensaft vermischen, mit Salz, Pfeffer, Tabasco und Limettensaft abschmecken. Gläser mit Limetten-Tomaten-Tee auffüllen und Getränk sofort servieren.

4 Gläser, pro Glas ca. 20 kcal

Bloody Mary

12 Eiswürfel
600 ml Tomatensaft
8 cl Wodka
4 Esslöffel Limettensaft
Paprikapulver, edelsüß
Salz
weißer Pfeffer
Tabasco
4 Limettenviertel

Gewürzter Tomatensaft mit einem guten Schuss Wodka, so präsentiert sich die Bloody Mary. Eisgekühlt ist sie ein köstlicher Longdrink, sie eignet sich aber auch gut vor dem Essen als Appetitanreger – sozusagen als Aperitif.

❶ Eiswürfel auf vier Longdrink-Gläser verteilen.

❷ Tomatensaft mit Wodka und Limettensaft verrühren, mit Paprikapulver, Salz, Pfeffer und einem Spritzer Tabasco abschmecken.

❸ Bloody Mary über die Eiswürfel gießen und auf jeden Glasrand ein Limettenviertel stecken. Sofort servieren.

4 Gläser, pro Glas ca. 62 kcal

Tomatensorbet mit Gin

55 g Zucker
750 g Tomaten
100 ml Gin
Saft von 1 Limette
Limettenscheiben zum Garnieren

Das Sorbet, eine Erfindung der alten Perser, ist Halbgefrorenes aus Fruchtmark und Alkohol. Es wird bei großen Menüs als Erfrischung vor dem Hauptgericht gereicht.

❶ Zucker mit 100 ml Wasser zum Kochen bringen. Unter Rühren leise köcheln lassen, bis sich der Zucker aufgelöst hat. Vom Herd nehmen und abkühlen lassen.

❷ Tomaten häuten, vierteln und entkernen. Tomatenviertel fein würfeln und in einen Topf füllen. Bei schwacher Hitze ca. 20 Minuten köcheln lassen, dabei ab und zu umrühren.

❸ Tomaten mit Zuckerlösung im Mixer oder mit dem Stabmixer pürieren. In eine Gefrierbox füllen und im Tiefkühlfach erstarren lassen; öfters mit dem Schneebesen durchrühren.

❹ Tomatensorbet in sechs Portionen teilen und in gekühlte Gläser oder Glasschalen füllen. Gin mit Limettensaft verrühren und über das Sorbet träufeln. Mit Limettenscheiben garnieren und sofort servieren.

Für 6 Personen, pro Portion ca. 86 kcal

Register

Der Inhalt dieses Buches ist sorgfältig recherchiert und erarbeitet worden. Dennoch können weder Autoren noch Verlag für alle Angaben im Buch eine Haftung übernehmen.

Bildnachweis:
Redaktion und Verlag danken für die Unterstützung bei der Realisation des Buches:
ADAM; Birkel; CMA; Deutsche Butter; Deutsches Teigwaren-Institut; Fuchs-Gewürze; Galbani; Informationsgemeinschaft Bananen; Knorr; Koopmans; Langguth; Maggi; Mazola; Meggle; Mondamin; National Sunflower Association; Peter Kölln, Köllnflockenwerke; Thomy Feinkost-Produkte; Uncle Ben's
Impressionen Versand, Wedel: Abb. S. 41; Food Archiv, München: S. 63; 71

Die Autoren:
Anna Thal lebt und arbeitet in München. Vorwiegend ist sie als freie Autorin von Kochbüchern und Gesundheitsratgebern tätig.

Dagmar Fronius-Gaier, Dipl. Ökotrophologin, ist freie Autorin im Bereich Kochbuch. Sie lebt und arbeitet in Rosenheim.

Die Fotografen:
Brigitte Sporrer und Alena Hrbkova lernten sich während ihrer Ausbildung als Fotografinnen in München kennen. Nach Assistenztätigkeiten bei verschiedenen Werbe- und Foodfotografen arbeiten sie nun in eigenen Studios in München und Prag.

Der Foodstylist:
Hans Gerlach, gelernter Koch und Architekt, aus München, arbeitet als freier Foodstylist. Seine Kunden kommen vor allem aus Print- und TV-Werbung, daneben wirkt er auch an Kochbüchern mit.